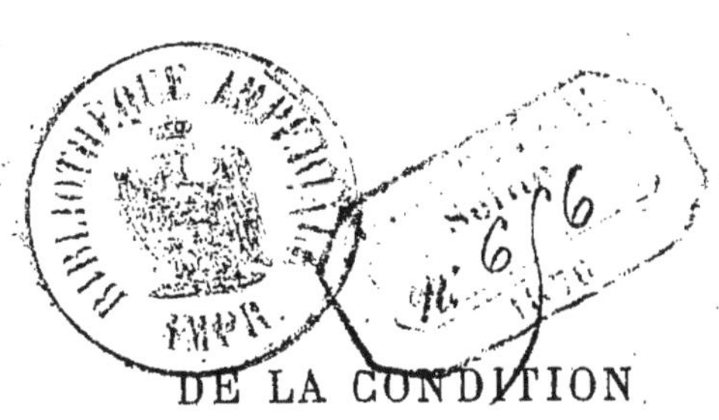

DE LA CONDITION

DE LA DOT MOBILIÈRE DE LA FEMME

PENDANT LE MARIAGE

EN DROIT ROMAIN ET EN DROIT FRANÇAIS

FACULTÉ DE DROIT DE PARIS

DE LA CONDITION

DE LA

DOT MOBILIÈRE DE LA FEMME

PENDANT LE MARIAGE

En Droit romain et en Droit français

THÈSE POUR LE DOCTORAT

PAR

Marc Paule

Avocat à la Cour impériale

NÉ A ARGELLIERS (AUDE)

L'acte public ci-après sera soutenu le Jeudi 3 Février, à 2 heures.

PRÉSIDENT : M. BUFNOIR, PROFESSEUR.

SUFFRAGANTS { MM. PELLAT, VUATRIN, RATAUD, } PROFESSEURS.
M. ACCARIAS, AGRÉGÉ.

PARIS

IMPRIMERIE AUGUSTE VALLÉE

16, RUE DU CROISSANT, 16

1870

A LA MÉMOIRE DE MA MÈRE

—

A MON PÈRE

TABLE DES MATIÈRES

INTRODUCTION

A une époque où la richesse mobilière prend un si prodigieux accroissement, et devient, pour un très-grand nombre de familles, l'élément le plus important du patrimoine, il nous a paru intéressant d'étudier la situation que le régime dotal fait aux objets mobiliers apportés en dot par la femme. Cette situation n'est pas clairement déterminée par le Code civil. Soit qu'il ait subi l'influence de la vieille maxime : *mobilium vilis possessio*, soit qu'il n'ait pas prévu le développement immense et prochain de la richesse mobilière, le législateur de 1804, en organisant le régime dotal, s'est préoccupé surtout des immeubles dotaux, et a gardé sur bien des points relatifs aux meubles un regrettable silence. Aussi, dans une matière qui, à cause de son extrême importance, devrait présenter la plus grande clarté, nous rencontrons à chaque pas l'incertitude et le doute. Qui ne connaît, par exemple, les vives controverses soulevées par la question de l'inaliénabilité de la dot mobilière ? Cette question a passionné les auteurs, parceque mieux qu'aucune autre elle était propre à raviver l'éternelle lutte entre le régime dotal et la communauté. Les partisans de la dotalité ont soutenu l'inaliénabilité absolue de la dot mobilière; ses adversaires ont incliné de préférence vers l'aliénabilité; enfin, se plaçant entre ces deux extrêmes, la jurisprudence a adopté un système intermédiaire. Elle a compris que la nature même de la richesse mobilière, que les besoins du commerce et de l'industrie ne pouvaient s'accommoder de l'immobilisation des capitaux, qui résulterait d'une complète inaliénabilité de la dot. Mais elle a senti en même temps, qu'en autorisant la libre disposition du mobilier, elle rendrait à peu près inutile le régime dotal, et priverait la femme des précieuses garanties sur lesquelles elle avait compté lorsqu'elle avait pris ce régime comme règle de son union. Il y avait là deux intérêts opposés et considérables. La jurisprudence les a très-heureusement conciliés : d'une part elle a déclaré les meubles dotaux disponibles entre les mains du mari, d'autre part elle en a assuré la conservation à la femme, en la frappant de certaines incapacités. Cette conciliation nous a paru juste ; nous l'avons acceptée dans cette thèse, et nous avons essayé de l'asseoir sur une base juridique. Car si nous sommes pénétré de la nécessité de ne pas entraver la circulation des capitaux, et de ne pas ralentir la marche des affaires, nous sommes également convaincu qu'il serait injuste de dépouiller la femme des garanties particulières qu'elle a voulu s'assurer par ses conventions matrimoniales, et de laisser sa dot mobilière exposée aux entreprises du mari et de ses créanciers, tandis que la dot immobilière jouirait seule des immunités du régime dotal.

Nous savons bien que plusieurs jurisconsultes n'ont pas une grande sympathie pour ce régime, et que les économistes ne gardent pour lui aucun ménagement. Les uns, en attendant sa suppression définitive, voudraient le modifier ; d'autres proposent une mesure plus simple et plus rapide : « Un trait de plume passé sur le chapitre du régime dotal dans le Code civil. (1) »

Mais leurs plaintes sont-elles bien fondées? Nous voudrions l'examiner brièvement.

Nous pensons qu'on doit maintenir une loi, lorsqu'elle répond à un besoin social, et qu'elle est conforme aux mœurs d'une nation.

Or, le régime dotal correspond certainement à une nécessité sociale. Il y aura toujours des pères dont la prudence, éveillée par l'affection, exigera des garanties sérieuses, avant de livrer à un gendre la fortune et l'avenir d'une fille. Il y aura toujours des femmes qui, se défiant de leur faiblesse naturelle ou de leur inexpérience dans la conduite des affaires, voudront faire porter au mari seul le poids de l'administration des biens.

Le régime dotal est-il conforme à nos mœurs? Il suffit de répondre qu'il est établi et pratiqué depuis des siècles dans la moitié de la France.

Nous avouons cependant qu'il faudrait bannir du Code même une loi qui correspondrait à la fois à un besoin social et à l'état des mœurs, si elle était évidemment contraire à l'intérêt public.

Le régime dotal est-il contraire à l'intérêt général? Ses adversaires le prétendent. Ils attaquent surtout le principe de l'inaliénabilité, qu'ils accusent d'arracher à la circulation la moitié des biens de la France, et de paralyser ainsi d'une manière funeste le développement du commerce et de l'industrie.

Ces accusations nous inspirent tout d'abord une réflexion

(1) Homberg, *Abus du régime dotal.*

bien simple, et qui n'est peut-être pas sans valeur. Si le régime dotal est à ce point contraire aux intérêts publics, et par conséquent aux intérêts privés, comment se fait-il que depuis plus de deux mille ans, des populations nombreuses s'obstinent à le conserver? Si les théoriciens et les penseurs peuvent éprouver quelque regret et quelque scrupule à se séparer d'une erreur qui leur a été chère pendant longtemps, l'intérêt particulier n'a pas d'amour-propre, et se débarrasse sans pitié comme sans remords des doctrines ou des pratiques qui le blessent. N'en déplaise aux économistes, cette longue fidélité au régime dotal nous touche au moins autant que leurs raisonnements.

Mais restons dans les limites de la théorie. L'inaliénabilité dotale porte, dit-on, une atteinte considérable au crédit, et entrave l'administration du père de famille. — Si l'inaliénabilité était admise et pratiquée dans toute sa rigueur, si elle s'étendait à tous les biens de la femme ans exception, si elle n'était jamais mitigée par les conventions des parties conformément à l'article 1557, nous reconnaissons que le régime dotal serait intolérable. Mais il n'en est rien : souvent la femme se réserve des paraphernaux; presque toujours ses biens dotaux sont déclarés aliénables avec clause d'emploi. Dès lors, si les inconvénients de l'inaliénabilité ne sont pas complétement supprimés, ils sont notablement amoindris; ils peuvent encore léser certaines situations particulières, mais l'intérêt général n'en reçoit pas une atteinte sérieuse.

Il est facile de le démontrer. En France, au point de vue de la distribution de la fortune, on distingue deux situations assez bien tranchées : d'une part, les populations des villes, adonnées à l'industrie et au commerce, possèdent surtout la richesse mobilière; d'autre part, les populations rurales ont une préférence marquée pour la possession de la terre.

Pour les premières, l'inaliénabilité de la dot n'est pas une charge bien lourde; car elle n'apporte aucun obstacle à l'administration du père de famille. D'après la jurisprudence, en effet, le mari a la libre disposition du mobilier. Il peut l'utiliser à sa guise, le faire fructifier dans une entreprise industrielle ou commerciale, et grossir ainsi son patrimoine. Sans doute les garanties qui protègent la dot l'obligeront, par la perspective d'une responsabilité toujours menaçante, à ne pas s'engager témérairement dans les entreprises hasardeuses, et à mettre dans tous ses actes cette prudence et cette lenteur qui ouvrent vers la fortune une voie moins rapide, mais plus sûre. Faut-il donc s'en plaindre? Ne vivons-nous pas dans une époque trop éprise des jeux de Bourse, et des spéculations scandaleuses?

Les populations rurales portent sans se plaindre le fardeau de l'inaliénabilité. Elles sont attachées à la terre, peu disposées à la vendre ; et les clauses d'emploi qu'elles insèrent toujours dans les contrats de mariage leur permettent de faire des aliénations et des échanges avantageux. En vain nous dit-on que le régime dotal paralyse l'esprit d'entreprise des petits propriétaires en les empêchant de vendre et d'emprunter (1). Le petit propriétaire

(1) M. Batbie, *Cours d'Economie politique*, t. II, p. 102.

n'est pas entreprenant; mais si par hasard il ose tenter la fortune dans le commerce ou dans l'industrie, en sera-t-il nécessairement détourné? Nullement. Peut-être son patrimoine est-il supérieur à celui de sa femme, et présente-t-il un gage suffisant pour des créanciers; peut-être sa femme a-t-elle des paraphernaux, et se laissera-t-elle persuader de les vendre. Enfin, en mettant les choses au pis, son honnêteté, son intelligence, ses habitudes laborieuses n'inspireront-elles pas confiance à quelque capitaliste, qui consentira à prêter son argent?

On insiste, et l'on dit que le régime dotal, en retranchant les immeubles du mouvement commercial, entraîne leur dépréciation, leur avilissement. Je n'ai jamais bien compris cette accusation (1). Et d'abord il est inexact de dire que l'inaliénabilité dotale frappe la terre d'immobilité, et crée pour ainsi dire des biens de main-morte; car les échanges, les aliénations sous clause d'emploi, les partages impriment aux immeubles un mouvement suffisant. D'ailleurs, la terre, par sa nature, ne répugne-t-elle pas à cette mobilité si grande qui caractérise les valeurs mobilières? Il serait désastreux qu'elle pût circuler aussi facilement qu'un billet de banque ou une obligation industrielle. Dans l'intérêt de la prospérité publique, il est nécessaire que le propriétaire reste attaché à son domaine. S'il doit le conserver longtemps, il le cultivera avec une ardeur féconde : car il ne reculera pas devant ces travaux d'amélioration qui exigent immédiatement de grands sacrifices, et dont on ne trouve la récompense

(1) Les faits que j'ai observés dans le Midi, où le régime dotal est universellement pratiqué, donnent à cette assertion un éclatant démenti.

que dans l'avenir. De cette manière la valeur de la terre augmentera, les revenus s'accroîtront, et c'est en partie au régime dotal que l'on devra ces précieux avantages : car il favorise les longues exploitations et les établissements durables.

Ajouterons-nous que ce régime, en maintenant en honneur les mœurs agricoles, rend au pays des services d'un autre ordre. Non-seulement l'agriculture produit les aliments indispensables à l'existence et les matières nécessaires à l'industrie; mais elle nourrit aussi des générations fortes et vigoureuses; en leur faisant aimer le sol qu'elles fécondent par leur travail, elle leur inspire l'amour de la patrie; enfin en les mettant continuellement aux prises avec les réalités et les nécessités de la vie, elle entretient dans leur sein ce besoin d'ordre et de tranquillité, ce sentiment de conservation qui, dans un bon gouvernement, doit faire équilibre à l'esprit d'innovation et de progrès.

Dans un autre ordre d'idées, on reproche au régime dotal de séparer les intérêts des deux époux, et de rendre la femme indifférente à la prospérité des affaires domestiques, parce qu'il assure au mari la totalité des bénéfices. On pare à cet inconvénient, au moyen de la société d'acquêts, qui tend à devenir l'annexe naturelle du régime dotal.

Mais ce régime a sur celui de la communauté un avantage considérable et qu'on n'a pas assez fait ressortir : c'est qu'il permet à la femme de se réserver un patrimoine indépendant, dont elle a seule l'administration et la jouissance : je fais allusion aux paraphernaux. La femme qui se marie n'a-t-elle aucune expérience, elle constituera tous ses biens en dot; a-t-elle déjà quelque connaissance des affaires, ou bien se sent-elle le courage et la force de partager avec son mari le poids de l'administration, elle se réservera des paraphernaux. Elle apprendra ainsi le maniement des affaires, auquel l'éducation et les mœurs la rendent trop étrangère : ce sera un pas vers la réalisation de cette idée, que l'on regarde encore comme une utopie généreuse, l'égalité réelle et absolue de l'homme et de la femme, au point de vue de l'exercice des droits civils.

Ces réflexions nous persuadent que si le régime dotal a été attaqué avec tant de vivacité, c'est qu'on l'a envisagé toujours sous ses aspects les plus défavorables, en faisant abstraction de ses qualités et de ses avantages; c'est qu'on n'a pas assez songé aux aliénations avec remploi, aux sociétés d'acquêts, aux paraphernaux. Et cependant, pour juger sainement un système législatif, il faut le considérer dans son ensemble.

Aussi notre conclusion n'est-elle pas la suppression du régime dotal. Nous demandons seulement que les jurisconsultes en éclairent la pratique et en dirigent l'application. Nous verrions aussi avec plaisir le législateur français proclamer, comme vient de le faire le législateur italien, que tous les biens dotaux pourront toujours être aliénés, même sans remploi, *avec l'autorisation de la justice.* « Le contrôle tutélaire et intelligent des tribunaux remplacerait ainsi la résistance inflexible et aveugle de la loi. (1) »

(1) M. Gide, *La Condition privée de la femme.*

Nous nous sommes peut-être laissé entraîner trop loin dans ces observations. Mais nous avons considéré comme un devoir de donner notre humble avis sur une question qui préoccupe si vivement les jurisconsultes et les économistes, et qui d'ailleurs intéresse directement les matières qui font l'objet de cette thèse.

DE LA CONDITION

DE LA DOT MOBILIÈRE DE LA FEMME

PENDANT LE MARIAGE

En droit romain

CHAPITRE PREMIER

DE L'ORIGINE DU RÉGIME DOTAL

Aux premiers âges de Rome, la famille était puissamment organisée. Le père avait sur les siens une autorité presque absolue : il réglait les rapports domestiques, jugeait les différends et présidait aux cérémonies religieuses; il était à la fois prêtre, juge et législateur. Son omnipotence avait pour garantie les mœurs, pour contrôle l'opinion publique dont le censeur était alors l'organe respecté.

Chaque famille formait un petit État dont le *pater familias* était le chef. Au-dessous de lui venaient le fils, le gendre, la fille, la bru, les petits-fils et les petites-filles *ex filio*, etc.; plus bas, l'individu *in mancipio;* plus bas encore l'esclave.

La femme elle-même du chef de famille était considérée comme une *filia*. Sœur de ses propres enfants, elle était soumise à la même puissance qu'eux. Cette puissance appliquée à la femme prenait un nom spécial et s'appelait la *Manus*.

La *Manus* s'acquérait par la confarréation, l'usucapion et la *Coemptio*, laquelle s'accomplissait au moyen d'une mancipation ou vente simulée. Evidemment la *coemptio* était un souvenir de la vente véritable que le père faisait de sa fille à une époque reculée. Plus tard, avec l'adoucissement des mœurs, la vente réelle disparut et fit place à la *Manus*.

Dans le droit rigoureux de la primitive Rome, dans ce droit qui a conservé plus longtemps que partout ailleurs l'empreinte des mœurs patriarcales, la femme mariée *quæ convenit in manum* ne s'appartenait plus; elle devenait *alieni juris*, suivant une énergique expression. Sa personne et ses biens étaient à la libre disposition du mari qui avait sur la personne droit de vie et de mort, sur les biens, propriété absolue et incommutable.

Le régime dotal ne pouvait naître avec la *Manus*, « car ce régime suppose une femme ayant ou pouvant avoir un patrimoine indépendant de celui de son mari, apportant à celui-ci une dot destinée à supporter les charges de la vie commune, et devant même, après le mariage, rentrer dans la propriété et la jouissance de cette dot. (1) »

Or, la femme mariée *cum manu* n'a pas de patrimoine indépendant. Sans doute elle transmet tous ses biens au mari, mais non pas comme biens dotaux : cette transmission universelle n'est qu'une conséquence de la *Manus*.

(1) Alban d'Hautuile.

Enfin, ces biens ne font jamais retour à la femme, toujours à titre de biens dotaux ; car si à la mort du mari, elle en prend une part, c'est seulement *jure successionis*, en qualité de fille de son mari.

D'où vient donc que Cicéron a pu dire : *Cum mulier in manum convenit omnia quæ mulieris fuerunt, viri fiunt dotis nomine?* C'est que si la *Manus* ne contient pas la dot proprement dite, elle en contient le germe : ce germe se trouve dans l'apport de tous ses biens que la femme fait au mari. La dot apparaît avec son véritable caractère dans les mariages libres ou sans *conventio in manum*. Qu'est-ce en effet que la dot? Les anciens auteurs la définissaient : *donum puellarum nubentium*. C'est un don fait par la jeune fille ou au nom de la jeune fille au mari pour l'indemniser des charges du mariage.

C'est qu'en effet, dans les mariages libres qui existèrent à une époque reculée, et qui se multiplièrent rapidement, gagnant le terrain que la *Manus* perdait chaque jour, la femme conservait la propriété de ses biens. Les enfants du mariage eux-mêmes n'y succédaient pas. Dès lors on sentit la nécessité d'une dot, et la femme dut contribuer pour sa part à l'entretien du ménage.

Ainsi, pour la première fois à Rome, nous voyons des biens ayant appartenu à la femme, et entrant dans le patrimoine du mari avec une destination spéciale, celle de subvenir aux charges de la vie commune. Mais ce qu'il faut remarquer, c'est que le mari a sur cette partie du patrimoine de la femme le même pouvoir que la *Manus* lui donnait sur le patrimoine tout entier, c'est-à-dire qu'il en a la propriété absolue et perpétuelle.

Ces droits du mari sur la dot, illimités dans le principe, reçurent peu à peu des tempéraments.

Pendant plus de cinq siècles, l'indissolubilité du mariage ne fut point violée, paraît-il, bien qu'au dire de Plutarque, Romulus eût autorisé le divorce. Comment s'expliquer un tel respect du mariage chez un peuple dont la corruption devint bientôt si profonde? Doit-on dire, comme on l'a fait, que le mari pouvant d'après la loi entretenir une ou plusieurs concubines, concuremment avec l'épouse légitime, et celle-ci étant très-dépendante, le désir de divorcer devait naître difficilement (1)? Mais plus tard la liberté de vivre en concubinage ne protégea guère les unions légitimes contre les progrès de la débauche. Peut-être vaudrait-il mieux dire que les idées religieuses, puissantes pendant les premiers siècles de Rome, furent un frein salutaire que de longtemps personne n'osa briser.

Quoi qu'il en soit, s'il faut en croire les historiens, le premier divorce fut celui de Curvilius Ruga, vers l'an 528 (2). Dès lors les divorces allèrent se multipliant, et, vers la fin de la république, ils étaient entrés dans les mœurs et les habitudes des Romains.

Cette nouvelle situation devait amener un changement considérable dans les rapports des époux. La femme, après le divorce, se trouvait dépouillée. Avait-elle contracté un mariage *cum manu*, elle perdait tous ses biens; avait-elle contracté un mariage libre, elle ne recouvrait

(1) Homberg, *Des Abus du régime dotal.*

(2) Valère Maxime, *Factorum dictorum que memorabilium*, liv. II, chap. I, n° 4. — Aulu-Gelle, *Nuits attiques*, XVII, 21.

pas la partie de son patrimoine apportée en dot. La femme divorcée restait donc sans ressources : c'était une situation grave. Pour y remédier, les parents de la jeune fille prirent l'habitude de stipuler du mari, au moment du mariage, la restitution de la dot en cas de divorce. Déjà, un contemporain de Curvilius Ruga, Servius Sulpicius, avait écrit un livre sur les dots, où il démontrait la nécessité d'obliger les maris de rendre à leurs femmes, quand ils les répudieraient, les biens qu'elles leur auraient apportés (1). L'usage de stipuler la restitution se généralisa si bien, qu'il ne tarda pas à recevoir la sanction du législateur. Les préteurs établirent une action par laquelle tout mari qui répudiait sa femme était tenu de lui rendre la dot : c'était l'action *rei uxoriæ*, action de bonne foi par excellence, où le juge devait décider la cause d'après l'équité la plus rigoureuse.

Dès ce moment, le régime dotal était fondé.

J'aurais voulu, après avoir montré la naissance de ce régime, le suivre dans les diverses phases de son développement. Mais un pareil travail, même restreint dans les étroites limites d'un résumé, n'entre point dans le plan de cette thèse. Je n'ai à considérer le régime dotal que sous un de ses aspects; je dois me borner à étudier quelle condition le législateur romain avait fait à la dot mobilière de la femme.

Je me contente de dire que l'idée générale qui a présidé à l'enfantement progressif du régime dotal, c'est le désir de créer à la femme un patrimoine indépendant, immua-

(1) Aulu-Gelle, liv. IV, chap. 9

ble, et dont la conservation pendant le mariage serait mise à l'abri de tous les accidents qui peuvent atteindre la fortune du mari.

CHAPITRE II

DE LA CONDITION DE LA DOT MOBILIÈRE AVANT JUSTINIEN

Le second livre des *Institutes* s'ouvre par une classification des choses. Il distingue les *res communes*, les *res publicæ*, les *res universitatis*, les *res nullius*, les *res singulorum*. Mais il passe sous silence une classification qui, dans notre droit français, a une importance capitale ; je veux parler de la classification qui consiste à diviser les biens en deux grandes catégories, celle des meubles et celle des immeubles. Il s'en faut cependant qu'une pareille division fût inconnue dans la législation romaine ; sans être d'une application bien générale, elle avait néanmoins quelque importance. C'est ainsi que, dans la matière de la dot, les meubles et les immeubles, loin d'être rangés sur la même ligne, se trouvaient souvent gouvernés par des règles essentiellement distinctes.

Cette thèse est particulièrement consacrée à dégager les principes particuliers à la dot mobilière.

Avant d'entamer cette étude spéciale, qu'il me soit permis de rappeler brièvement les principes généraux de la matière.

Et d'abord, comment se constituait la dot ? *Dos aut datur, aut dicitur, aut promittitur*, dit Ulpien. *Dos datur*, toutes les fois que l'on constitue la dot de telle façon qu'aucun acte ultérieur, translation de propriété ou paiement, ne soit plus nécessaire. S'agit-il d'un objet corporel, le constituant en transfère la propriété ou l'usufruit au mari par les modes ordinaires.

S'agit-il d'une créance, le constituant la transfère au mari par une délégation, ou bien encore il lui fait remise de sa dette par *acceptilatio*. Dans tous ces cas, il y a réellement *datio*.

Dos dicitur, lorsque le constituant, par un contrat particulier, confère au mari un droit de créance, ou lui fait remise d'une dette.

Enfin *dos promittitur*, lorsque le mari devient créancier à la suite d'une stipulation.

Il n'est pas permis à tous indifféremment de faire soit une *datio*, soit une *dictio*, soit une *promissio*. La femme, son ascendant paternel, ou son débiteur, peuvent seuls *dicere dotem*. Toutes personnes au contraire peuvent constituer une dot par dation ou promesse.

SECTION PREMIÈRE

Des droits du mari sur les meubles dotaux

Le constituant a fait *datio* au mari d'une chose mobilière, par la mancipation s'il s'agit d'une chose *mancipi*, par la tradition, s'il s'agit d'une chose *nec mancipi*, — ou bien à la suite d'une *promissio* ou d'une *dictio*, il a accompli son obligation par un paiement ou par une acceptilation.

Dans ces différents cas, *le mari est devenu propriétaire des choses qui lui ont été apportées en dot.*

Comment en douter, alors qu'on s'est servi des modes ordinaires de translation de propriété, de la mancipation, de la tradition, de l'*in jure cessio?*

Du reste, si un doute pouvait exister, il serait facile de le lever; car le droit de propriété du mari sur les objets dotaux ressort d'une infinité de textes.

Le jurisconsulte Paul signale expressément la constitution de dot comme un moyen de transférer le *dominium*, et l'assimile sous ce rapport à la vente et au legs (1).

Nous lisons dans un rescrit de Gordien : « *Sive cum nupsisses, mancipia in dotem dedisti, siva post datam dotem de pecunia dotis maritus tuus quœdam comparavit : justis rationibus dominia eorum ad eum perveneruut* (2). »

Deux fragments du jurisconsulte Ulpien sont conçus dans le même sens : la loi 7, § 3, et la loi 9, § 1, *de jure dot.*

Rappellerons-nous encore la loi 3 *de Publiciana in rem actione*, qui cite la constitution de dot comme une *justa causa*, c'est-à-dire comme un de ces actes qui révèlent chez le précédent possesseur l'intention d'aliéner, d'abdiquer la qualité de propriétaire? *Et non solum emptori bonæ fidei competit Publiciana, sed et aliis : utputa ei, cui dotis nomine tradita res est, necdum usucapta : est enim justissima causa, sive æstimata res in dotem data sit, sive non.* Ainsi,

(1) Paul, loi 47, § 5 et 6 de *Peculio.* Dig. liv. 15, t. I.

(2) Loi 7, *Cod. de Servo pig. dat. manu*, liv. VII, tit. 8.

celui qui constitue une dot abdique la propriété; donc le mari l'acquiert.

Tous ces textes affirment directement le droit de propriété qui appartient au mari sur les objets dotaux. En voici d'autres qui, en faisant des applications diverses de ce droit, l'affirment indirectement.

Ainsi, la loi 24 de *actione rerum amotarum*, laisse au mari, en cas de détournement par la femme des choses dotales, le choix d'intenter contre elle, soit la *condictio propter turpem vel injustam causam*, soit la *Revendication*. Or, la Revendication est une des manifestations les plus énergiques du droit de propriété.

La loi 9 cod. *de rei vindicatione* pose en principe que, la dotalité d'une chose étant établie, cette chose ne peut être de la part de la femme l'objet d'une revendication. N'est-ce pas dire que, la femme ne pouvant revendiquer contre le mari, c'est ce dernier qui est propriétaire? « Prouvez par devant le président, disent les empereurs Carus, Carinus et Numerianus, que l'esclave à propos de laquelle vous réclamez près de nous était dotale : cette preuve faite, il ne sera pas douteux que cette esclave n'a pu être revendiquée par votre femme. »

Dans la loi 58 Dig. *solut. matrimo.*, Modestin s'exprime ainsi : « *Servus dotalis heres ab aliquo institutus, mariti jussu vel adire vel repudiare debet hereditatem..* » L'esclave dotal ayant été institué héritier doit en principe accepter ou répudier l'hérédité sur l'ordre du mari, et non pas sur l'ordre de la femme. N'est-ce pas dire que le mari est propriétaire de l'esclave dotal? C'est en effet une règle certaine que l'on acquiert le *jus hereditarium* par l'esclave dont on est propriétaire, exactement comme le *paterfamilias* l'acquérait dans l'ancien droit par l'enfant soumis à sa puissance (1). La loi 58 n'est donc autre chose qu'une application du droit de propriété reconnu au mari sur les objets dotaux.

Dans la loi 49, § 1, *De furtis*, Gaïus paraît bien entrer dans le même ordre d'idées en accordant au mari l'action *furti rei dotalis nomine*, et en le refusant à la femme qui, cependant, supporte la charge des risques (2).

L'argument le plus puissant que l'on puisse faire valoir en faveur de la propriété du mari, c'est qu'il a la faculté d'aliéner les meubles dotaux ; et cette faculté n'est pas entravée, comme pour les immeubles, par les dispositions restrictives de la loi Julia, qui, de l'aveu de tous, vise seulement le *prædium dotale*, le *fundus dotalis*, les *res soli* (3).

Les textes ne nous ont pas fait défaut pour prouver le droit de propriété du mari ; ils ne nous manqueront pas davantage pour établir une des conséquences les plus considérables, une des prérogatives les plus précieuses de ce droit, la faculté pleine et entière d'aliéner les meubles dotaux.

De tous les objets mobiliers qui pouvaient entrer dans le patrimoine d'un Romain, les plus précieux étaient sans contredit les esclaves. Et cependant, le mari avait non-seulement le droit d'aliéner, mais celui d'affranchir l'es-

(1) Gaïus, c. 2, § 87. — *Instit.*, § 3, *per quas pers. nob. adqui.*
(2) Voir aussi liv. II, *cod. de jure dotium.*
(3) Gaïus, c. 2, § 63. — Rubrique du liv. XXIII, tit. 5, Dig. — Du liv. V, tit. 23, *cod. instit. quib. alien. licet vel non.*

clave dotal. Car il ne faut pas oublier que l'affranchissement, en ce qui concerne les esclaves, était un acte plus grave que l'aliénation elle-même. Nous savons en effet que, d'après la loi *Œlia Sentia*, le maître mineur de vingt ans ne pouvait procéder à l'affranchissement que sous certaines conditions, tandis qu'il pouvait librement procéder à l'aliénation, à moins qu'elle n'eût précisément pour objet d'éluder les dispositions de la loi (1).

Donc, si le mari peut affranchir l'esclave dotal, il est naturel d'en conclure qu'il peut *à fortiori* en disposer de toute autre manière, par exemple l'aliéner et l'hypothéquer.

Or, nul doute que l'affranchissement ne fût permis au mari. C'est Papinien qui nous le dit : « Pendant le mariege, le mari solvable peut affranchir l'esclave dotal. Mais s'il est insolvable, alors même qu'il n'aurait pas d'autres créanciers, la liberté de l'esclave est impossible, la dot étant considérée comme exigible pendant le mariage (2). »

On peut encore invoquer dans le mêms sens la loi 3, cod. *de jure dot.* (5-12), et la loi 7 cod. *de serv. pign. dat. manu* (7-8).

Au reste, s'il s'agit d'un esclave qui n est pas simplement dotal, mais qui de plus est engagé ou hypothéqué à la femme, le mari ne pourra pas l'affranchir au détriment de ce droit de gage ou d'hypothèque. Il est impossible, en effet, que le mari ait ici plus de pouvoir que n'en

(1) Julien, loi 7, § 1, *qui et a quibus manu.* Dig. liv. XL, tit. 9.
(2) Loi 21, *de manum.* Dig. liv. XL, tit. 1.

à en général le maître dont l'esclave est grevé de pareils droits au profit d'un créancier (1).

Une chose digne de remarque, c'est que les textes relatifs à notre matière s'occupent surtout de l'affranchissement. Cette particularité s'explique par la remarque suivante de Gluck : « Si les lois parlent spécialement de l'affranchissement des esclaves, et non des autres modes de disposition des meubles, c'est qu'il fallait sur les conséquences de l'affranchissement des décisions détaillées, ce qui était inapplicable aux autres cas. » Ceci, comme le fait observer M. Demangeat, se réfère notamment à la *condictio ex lege Julia et Papia* (2).

Nous n'avons parlé jusqu'ici que des objets mobiliers corporels. Quant aux créances dotales, plusieurs textes reconnaissent au mari le droit de les éteindre par novation ou par aceptilation (3). Ces textes, il est vrai, ne distinguent pas s'il s'agit d'une créance mobilière ou d'une créance dont l'objet serait immobilier : ils parlent en termes généraux d'une dot *viro promissa*. Cependant nous devons reconnaître, d'après l'esprit de la loi Julia, que ces lois accordant au mari le droit d'aliéner les créances dotales sans le consentement de sa femme, ne visent que des créances mobilières. Au reste, la loi 49 *de jure dot.* vient vérifier l'exactitude de cette supposition. Un mari a stipulé de celui qui voulait constituer une dot à sa femme une certaine somme à ce titre ; ensuite, il lui en fait acceptilation.

(1) Loi 4, *qui et a quib. manum*, liv. XL, tit. 9. — Loi 1, *cod. de servo pign. dat. manum.*

(2) M. Demangeat, *Du fonds dotal*, p. 23.

(3) Lois 35 et 49, *de jure dot.* — Loi 66, § 6, *solut. matri.*

Les risques, dit Julien, doivent en pareil cas, retomber sur le mari : car c'est comme s'il eût reçu l'argent et l'eût ensuite donné an promettant « *perindè enim est, ac si acceperit pecuniam, et eamdem promissori donaverit* ». Or si l'objet dû, au lieu d'être une somme, était un immeuble, le mari après avoir reçu le paiement, ne pourrait pas en faire une donation sans le consentement de sa femme (1).

Bien que la propriété du mari nous paraisse suffisamment établie par tous les textes que nous venons de parcourir, il ne nous paraît pas inutile de mentionner les objections qu'on a opposées quelquefois. La principale de ces objections réside dans la loi 63 *de re judicata* (42-1), où Macer semble admettre que la femme est reçue à revendiquer les choses dotales. Ce jurisconsulte examinant les exceptions apportées à la règle que la chose jugée n'a d'autorité qu'entre les parties, s'exprime de la manière suivante : « *Scientibus sententia, quæ inter alios data est, obest, cùm quis dè ea re, cujus actio vel defensio primum sibi competit, sequentem agere patiatur : veluti si creditor experiri passus sit debitorem de proprietate pignoris ; aut maritus, socerum vel uxorem de proprietate rei in dotem acceptæ.* » Ainsi la femme plaide sur la propriété des objets qui ont été apportés en dot au mari. Faut-il en conclure, comme l'ont fait certains interprètes, que la femme ayant avant la constitution dotale, la propriété des objets dont il s'agit, n'a pas cessé d'en être propriétaire après cette constitution ; en sorte qu'elle peut encore les revendiquer contre un tiers possesseur ? C'est là l'interprétation de Cujas (2).

(1) M. Demangeat, p. 24.
(2) Cujas, t. X, col. 1254.

M. de Savigny, au contraire, pense que, dans l'hypothèse prévue par le jurisconsulte, la femme (ou son père ne revendique pas la chose dotale, mais se défend contre la revendication d'un tiers qui ne connaît pas la constitution, ou bien qui n'en tient pas compte. La suite du texte montre bien l'exactitude de cette interprétation. Après avoir cité l'exemple du mari qui laisse plaider sa femme, Macer nous donne celui d'un possesseur qui laisse plaider son vendeur sur la propriété de la chose vendne, *aut possessor venditorem de proprietate rei emptæ.* Or, un possesseur ne revendique pas, mais défend à la revendication exercée contre lui par un tiers. Ainsi, comme le dit M. Demangeat, adoptant sur ce point l'opinion de M. de Savigny, « dans un cas, une personne qui a vendu et livré une chose est actionnée en revendication par un tiers; et de même, dans l'autre cas, la revendication est exercée contre une femme au sujet d'une chose qu'elle a donnée en dot à son mari. La loi 63 *de re judicata* ne prouve donc en aucune façon que la femme reste propriétaire des choses qu'elle apporte en dot : car elle ne dit point que la femme puisse encore revendiquer ces objets (1). »

La loi 63 elle-même peut fournir, si je ne me trompe, un autre argument en faveur de cette opinion. Le jurisconsulte Macer donnant les motifs des exceptions apportées à la règle que la chose jugée n'a d'autorité qu'entre les parties, dit, en se référant aux deux exemples qu'il a cités, et que nous venons de reproduire : *is vero qui priorem dominum defendere causam patitur...* ce qui semble

(1) M. Demangeat, *Du fonds dotal*, p. 12.

prouver que, dans la pensée du jurisconsulte, la femme ne joue pas le rôle de demanderesse, mais celui de défenderesse; qu'elle ne revendique pas, mais qu'elle défend à la revendication.

Outre la loi 63, nos adversaires opposent encore un très grand nombre de textes (1). Nous nous réservons de les réfuter plus loin.

Enfin, quelques commentateurs ont contesté au mari le droit d'aliéner indistinctement les objets mobiliers apportés en dot. Nous ajournons également le développement et la réfutation de cette opinion.

Le mari, propriétaire de la dot mobilière, en a naturellement la jouissance et l'administration. Les fruits qu'elle produit grossissent son patrimoine; à moins d'une convention spéciale, il n'a pas de compte à en rendre (2). C'est ainsi que le croît des troupeaux dotaux devient la propriété définitive du mari (3). Le *part* des esclaves dotales, au contraire, grossit le capital de la dot parce que le *part*, à la différence du croît, n'était pas considéré comme un fruit par les jurisconsultes romains (4). On peut donc poser en principe que les choses acquises à l'occasion de la dot et qui ne sont pas des fruits augmentent la dot (5).

Le mari est tenu de conserver les choses dotales qu'il

(1) Les principaux de ces textes sont : la loi 7, *de pact s dotalibus*; la loi 81, *ad leg Falud.*; la loi 75, Dig. liv. XXIII, tit. 3; la loi 3, § 5, *de minorib.*; les lois 75 Dig. *de jure dot.*; 16, *de relig*; 71, § 3, *de condit. et dem.*

(2) Loi 7. *de jure dot.*; loi 60, § 3, *mandati.*

(3) Loi 10, § 3, *de jure dot.*

(4) Loi 10, § 2; loi 28, § 1, Dig. *de Usuris.* — *Instit.*, § 3. *de rerum div.* — Loi 27, *de heredit. petit.* — Loi 69. § 9, *de jure dot.*

(5) Loi 32, *de jure dot.*

doit restituer en nature à la dissolution du mariage ; il répond non-seulement du dol, mais encore de la faute, *quia causa sui dotem accipit*. Il ne doit pas se borner à ne pas nuire à la dot ; il faut encore qu'il montre, en l'administrant, une diligence égale à celle qu'il apporte à ses propres affaires (1) ; il est tenu, en un mot, de la faute *in concreto*. On a comparé, sous ce rapport, la position du mari à celle d'un associé. Sans doute il n'y a pas une véritable société entre le mari et la femme ; sans doute les biens dotaux ou autres qui servent à supporter les charges du mariage ne sont pas communs entre les deux époux, et sont la propriété exclusive d'un seul, le mari. Mais, en réalité, ils ont une destination commune, celle de subvenir aux besoins du ménage. Ne peut-on pas dire enfin que l'on trouve dans le mariage ce sentiment de confiance réciproque qui rapproche ordinairement les associés, et que la femme, ayant connu et apprécié d'avance la diligence habituelle de son mari, n'a pas le droit d'en exiger une plus grande dans l'administration de la dot.

Le mari, quoique propriétaire de la dot, est éventuellement tenu de la restituer : de sorte qu'il en est à la fois propriétaire et débiteur. La femme, en qualité de créancière, a la charge des risques. Si les objets mobiliers dotaux viennent à périr ou à se détériorer par cas fortuit, c'est elle qui supporte la perte totale ou partielle. Nous supposons, bien entendu, qu'il s'agit de corps certains. Car si les objets dotaux sont fongibles, les risques sont pour le mari (2).

(1) Loi 17, *de jure dot.*
(2) Loi 42, *de jure dot.*

Il est une circonstance qui exerce une influence remarquable sur la situation du mari par rapport à la dot, et qui modifie les solutions particulières que nous venons de donner : je veux parler de l'estimation qui accompagne quelquefois la constitution dotale.

C'est un principe souvent proclamé par les jurisconsultes romains que l'estimation vaut vente (1). De ce principe découlent des conséquences importantes. Ainsi, ce n'est pas la chose même qui est dotale, mais la somme à laquelle on l'a estimée. Dès-lors, la dette du mari n'est plus une dette de corps certain, mais une dette de genre. Dès-lors encore, ce n'est plus la femme qui supporte les risques pendant le mariage : la perte totale ou partielle de la chose estimée pèse sur le mari qui, dans tous les cas, restera tenu de l'action *de dote* (2). Cette situation paraît au premier abord très-désavantageuse pour le mari ; mais il ne faut pas oublier que s'il subit les pertes et les détériorations, il profite des accroissements et augmentations de valeur. De plus, tandis qu'en règle générale, il n'acquiert que les fruits proprement dits, il acquiert au contraire, dans le cas d'estimation, toutes choses provenant de la dot, alors même qu'elles n'auraient pas le caractère de fruits, ainsi le part des esclaves (3).

Puisque l'estimation équivaut à une vente, le mari deviendra propriétaire de la *res mancipi* dont on lui a fait

(1) Loi 10, § 4, *de jure dot.* — Même loi, § 5, *in fine.* — Loi 9, § 3, *qui potiores.* — Loi 3, *locati.*

(2) Loi 1, § 15, *de rei uxoria act. col.* — Loi 51, *solut. mat.* — Loi 16, *cod. de jure dot.*

(3) Paul, § 144, *frag. vatic.* — Loi 18, *de jure dot.*

tradition, ou de la *res* dont le *tradens* n'était pas propriétaire, au moyen de l'usucapion *pro emptore,* et non plus au moyen de l'usucapion *pro dote* (1).

Enfin, en cas d'éviction, il pourra comme un acheteur agir en garantie par l'action *ex empto* ou par l'action *ex stipulata duplæ* (2).

L'estimation est en général pure et simple; quelquefois elle est accompagnée d'un pacte spécial portant que les choses estimées seront rendues à la dissolution du mariage. Alors, ce n'est pas le montant de l'estimation qui est dotal, mais l'objet estimé. On n'applique plus la règle que l'estimation vaut vente (3). Quelle peut donc être ici l'utilité de l'estimation? Elle sert d'abord à déterminer la somme que le mari sera tenu de restituer, en cas de perte totale ou partielle survenue par sa faute. Voilà pourquoi les interprètes disent qu'elle intervient *taxationis causâ.* Elle sert ensuite à élever la responsabilité du mari, qui est tenu non-seulement de la faute qu'il ne commet pas habituellement par rapport à ses propres affaires, mais encore de la faute que ne commettrait pas un bon père de famille, un administrateur diligent. C'est ce que décide Ulpien pour le cas de société dans la loi 52, § 3, *pro socio,* et nous savons que la responsabilité du mari quant aux choses dotales est la même que celle de l'associé quant aux choses de la société.

Ainsi lorsque l'estimation intervient *taxationis causâ,* les

(1) *Frag. vatic.*, § 111.

(2) *Frag. vatic.*, § 105. — Loi 16, *de jure dot.* — Loi 52, § 1, *de act, empti.*

(3) Loi 69, § 7, *de jure dot.*

choses se passent comme dans le cas d'une constitution de dot pure et simple : le mari doit restituer la dot en nature, et la femme court les risques. Deux différences existent entre les deux cas :

1° S'il n'y a pas eu d'estimation, l'indemnité se fixera d'après la valeur de la chose, au moment de la perte totale ou partielle ; s'il y a eu estimation, ce n'est pas la valeur de la chose au moment où elle périt, que l'on prendra comme base de l'indemnité, mais le montant de l'estimation elle-même.

2° Dans le premier cas, la faute du mari s'apprécie *in concreto;* dans le second cas, *in abstracto.*

Le rapide coup d'œil que nous venons de jeter sur la dot mobilière de la femme, nous permet de mesurer l'étendue des pouvoirs conférés au mari par la loi romaine : jusqu'à présent, nous pouvons le dire, ils nous ont apparu sans limites. Les actes les plus graves, comme l'aliénation, l'affranchissement, l'hypothèque, le mari peut les accomplir sans le consentement de la femme. Qu'a donc gagné l'épouse romaine à la disparition de la *manus*? Le mari n'est-il pas, comme autrefois, propriétaire absolu de ses biens? Je me hâte d'ajouter que ce n'est là qu'une fausse apparence. Peu à peu les jurisconsultes romains avaient fait prévaloir des dispositions qui contrebalançaient les pouvoirs du mari, et formaient un contre-poids salutaire à son autorité. C'est l'ensemble de ces mesures protectrices qui caractérise le régime dotal et constitue son originalité. Nous allons en donner un aperçu sommaire en passant toutefois sous silence la faculté précieuse pour la femme, au point de vue de son indépendance, d'avoir des biens paraphernaux, et la disposition de la loi *Julia* qui avait restreint les pouvoirs du mari sur les immeubles dotaux.

1° *Obligation de restituer la dot.* — Le mari, pendant le mariage, était sans cesse sous le coup de l'action en restitution de dot; car, en même temps qu'il était propriétaire des meubles dotaux, il en était débiteur. Qui en était créancier? Tantôt l'ascendant paternel, tantôt un étranger, le plus souvent la femme. Il pouvait arriver aussi que le mari n'eût rien à rendre. La femme mourait-elle *in matrimonio*, le mari, en principe, gardait la dot tout entière. Il en était autrement lorsque la dot était profectice et que l'ascendant donateur vivait encore, ou bien lorsque le constituant, quel qu'il fût, avait expressément stipulé la restitution (1).

En cas de divorce ou de prédécès du mari, la femme recouvrait toujours les biens dotaux, à moins que le dotateur n'en eût stipulé la restitution à son profit.

Ainsi pour que le mari gagnât la dot, il fallait que le constituant ne fût pas un ascendant paternel, qu'il n'eût pas stipulé la restitution, ou que la femme prédécédât. Si l'on songe après cela aux divorces innombrables qui venaient briser les mariages, il est facile de voir que le mari devait rarement conserver la propriété des biens dotaux.

Cette créance en restitution qui pesait sur le mari, comme une menace, pendant toute la durée du mariage, était garantie par une action particulière, l'action *rei uxoriæ*. Lorsque le constituant avait stipulé la restitution,

(1) *Frag. vatic.*, tit. 6, § 4, et loi 6, *princip. dig. de jure dot.*

il y avait lieu à l'action *ex stipulatu*. Plusieurs différences existaient entre ces deux actions. L'action *rei uxoriæ*, notamment, avait un grand avantage sur l'action *ex stipulatu*, en cas d'insolvabilité du mari : elle était munie d'un *privilegium interpersonales actiones*, garantie précieuse qui préservait la femme du concours des créanciers chirographaires. Ce *privilegium* avait cela de particulier qu'il était attaché moins à l'action elle-même qu'à la personne de la femme : *personæ hæret non causæ* (1). Lorsque l'action passait de la tête de la femme sur celle de son héritier ou sur celle d'un cessionnaire à titre particulier, le privilége disparaissait, et la créance en restitution devenait une créance ordinaire.

Il est impossible de préciser exactement l'époque à laquelle fut établi ce *privilegium*. Ce que l'on peut dire, c'est qu'il remonte probablement aux premiers temps de l'empire (2), alors qu'un si grand nombre de lois furent édictées pour mettre frein à la corruption dans l'intérêt du mariage.

2° *Prohibition des donations entre époux*. — La prohibition des donations entre époux pendant le mariage est une conséquence logique du régime dotal. Aussi de même que par suite des progrès de la corruption et de la fréquence des divorces, les mœurs devançant le législateur avaient entraîné la ruine de la *manus* et la formation d'un régime nouveau plus favorable aux intérêts de la femme, de même sous l'influence de causes semblables, la prohibition

(1) Loi 29, Dig. *de novationib.* — Lois 68 et 196, *de regul. juris.*

(2) Ce qui favorise cette supposition, c'est qu'Hermogénius en parle, loi 74 *de jure dotium.*

des donations entre époux s'introduisit d'abord par l'usage et reçut ensuite la sanction de la loi. C'est ce que dit Ulpien : « *Moribus apud nos receptum est, ne inter virum et uxorem donationes valerent* ». Le motif de cette interdiction, c'est la crainte qu'un époux n'abuse de la faiblesse de l'autre pour s'enrichir à son détriment (1), que l'un des conjoints ne cède à un mouvement de générosité irréfléchie (2) ; c'est surtout la crainte que l'un des époux n'arrache des donations à son conjoint en le menaçant du divorce.

Grâce à cette prohibition rigoureuse, la femme conservera sa dot intacte. Elle ne se dépouillera pas de sa créance en restitution, et toujours armée de l'action *rei uxoriæ*, elle pourra lutter avec quelque chance de succès contre le désir qu'aurait son mari de rompre les liens du mariage.

Cependant, la prohibition qui atteignait les donations entre époux, reçut des tempéraments. D'abord, un conjoint qui avait fait une donation à l'autre put la confirmer dans son testament. On alla plus loin ; on admit une confirmation tacite, toutes les fois que le testateur mourait sans avoir manifesté l'intention de révoquer. Cette réforme fut introduite par un sénatus-consulte sur la proposition d'Antonin Caracalla (3).

3° *Défense de restituer la dot pendant le mariage.* — Le mari, en principe, ne peut valablement restituer la dot à la femme pendant le mariage. Cette règle est-elle simplement la conséquence de la prohibition des donations en-

(1) Loi 2, *de donat. inter vir. et ux.*

(2) Loi 1, *cod. titul.*

(3) Loi 32, *princip. de donat. inter vir. et ux.* Dig.

tre époux ? Des auteurs l'ont soutenu, notamment Hasse et Gluck. Mais la doctrine qui prévaut aujourd'hui, assigne à notre règle une portée et des motifs particuliers.

Sans doute on oppose des textes qui, au premier abord, paraissent contredire l'opinion dominante, par exemple la loi 1, cod., livre v, titre 19 : « *Si constante matrimonio a marito uxori dos, sine causa légitimâ refusa est, quod legibus stare non potest, quia donationis instar perspicitur obtinere.* Mais, et ceci prouve bien que cette assimilation n'est qu'apparente, la décision donnée dans la loi précitée par les empereurs Honorius et Théodose, est absolument inapplicable à la donation entre époux. La restitution prématurée de la dot étant nulle, disent les empereurs, la femme ou ses héritiers devront rendre non-seulement la dot elle-même, mais les fruits perçus depuis le moment de la restitution. Au contraire, si un époux avait donné un fonds ou une somme d'argent, il répétait le fonds ou la somme, mais non les fruits que le donateur aurait recueillis, ou les intérêts qu'il aurait perçus (1). De plus, la loi 1re suppose que la femme est prédécédée ; or, dans une semblable hypothèse, la donation eût été tacitement confirmée, tandis qu'une pareille confirmation était impossible pour la restitution prématurée. Il est donc vrai de dire que la défense de restituer est une disposition indépendante de la défense de donner. Ces deux prohibitions, ayant des effets distincts, ont chacune un but différent : l'une, la prohibition de donner, tend à conserver à chaque époux le capital, la substance de son patrimoine ;

(1) Loi 17, *de donat. int. vir. et uxor.* Dig. — Loi 15, § 1, *eod. titul.*

l'autre, la prohibition de restituer tend surtout à ce que la dot ne soit pas détournée de son affectation naturelle qui est de subvenir aux charges du mariage. Et c'est bien pour ce motif que la constitution d'Honorius et de Théodose exige la reddition et du capital et des revenus : car il est d'intérêt public que les revenus de la dot ne soient pas distraits de leur destination.

Au reste, les deux prohibitions ont un point de contact, en ce qu'elles assurent l'une et l'autre la conservation de la dot, pour faciliter à la femme un second mariage en cas de divorce.

Ce qui montre encore que nos deux règles ont un fondement distinct, c'est qu'elles ont très-probablement une origine différente. Nous savons que l'interdiction de donner fut établie par les mœurs. Il paraît au contraire que la défense de restitution fut introduite par la loi. Ulpien, parlant dans la loi 27 des cas exceptionnels dans lesquels la restitution pendant le mariage a été permise, s'exprime ainsi : *in quibus hoc legibus permissum est.* Ulpien fait sans doute allusion aux lois Julia et Papia Poppœa, que l'on désignait habituellement par cette expression : *leges.*

Paul, dans la loi 73, § 1 *de jure dot.*, énumère les cas exceptionnels dont il vient d'être question. *Manente matrimonio non perdituræ uxori ob has causas dos reddi potest, ut sese suosque alat, ut fundum idoneum emat, ut in exsilium vel in insulam relegato parenti præstet alimonia, aut ut egentem virum, fratrem, sororemve sustineat.* La prohibition de donner souffrait aussi des exceptions; mais si les unes se confondaient avec celles que nous venons d'énumérer, les autres s'en distinguaient.

SECTION II

Droits de la femme sur les meubles dotaux.

Nous connaissons l'étendue des pouvoirs accordés au mari sur la dot mobilière pendant le mariage. Si grands qu'ils soient, ils laissent encore une place assez large à la capacité de la femme. Cette capacité ne s'exerce pas immédiatement sur les objets dotaux eux-mêmes, mais sur la créance en restitution qui appartient à la femme, toutes les fois que le constituant ne se l'est pas expressément réservée. Elle peut en disposer à son gré. Toutefois elle doit respecter la prohibition de donner entre époux, et par conséquent, elle est incapable de faire remise à son mari de l'*obligatio dotalis* (1). Cette remise cependant produirait son effet, si l'on se trouvait dans un des cas exceptionnels où la donation entre époux est autorisée.

A l'égard de tout autre que le mari, la capacité qu'a la femme de disposer de sa créance ne souffre aucune entrave. Elle peut s'en dépouiller, soit à titre onéreux, soit à titre gratuit, au moyen d'une *procuratio in rem suam* ou d'une délégation. On trouve un exemple de délégation faite par la femme à son père dans la loi 3, § 5, *de minoribus*. Sans doute, cette loi nous la montre restituée contre les effets de cette délégation ; mais c'est parce qu'elle a été lésée et qu'elle est mineure de vingt-cinq ans. Si l'on supprime les circonstances particulières de l'espèce, il reste

(1) Loi 31, § 4 et 5, *de donat. int. vir. et ux.* Dig. — Loi 3, § 10, *eod titul.*

vrai que la femme peut transporter à un tiers sa créance dotale au moyen d'une délégation.

Peut-elle renoncer aux sûretés qui protégent sa créance? Elle ne peut renoncer, pendant le mariage, au *privilegium inter personales actiones*, parce que ce privilége lui a été concédé dans un intérêt public.

La garantie consistant dans le *privilegium inter personales actiones* n'était pas la seule. La femme, jusqu'à la fin du quatrième siècle au moins, pouvait exiger des fidéjusseurs; toujours elle put obtenir pour sûreté de sa créance un droit de gage ou d'hypothèque sur les biens propres du mari, et même sur les biens dotaux. Lui était-il permis de renoncer à ces sûretés conventionnelles? Des textes lui reconnaissent formellement cette faculté, ainsi la loi 7, § 6, *de donat. inter. vir. et uxor. Dig.*, et la loi 11, *Cod. ad senat. consult. Velleian.* Le plus souvent cette renonciation se faisait directement, comme le suppose la constitude l'empereur Philippe (l. 11). Quelquefois, elle s'induisait par voie de conséquence d'un certain acte, comme dans la loi 7 où le jurisconsulte Ulpien suppose qu'une femme achète de son mari *prædia quæ ob dotem pignori acceperat.* Il arrivait aussi que la femme donnait son consentement dans un acte par lequel le mari cédait à un tiers le bien déjà hypothéqué pour la sûreté de la dot : par ce consentement, elle se dépouillait de son droit d'hypothèque. La question cependant dut faire quelque difficulté; on crut voir peut-être dans cette intervention de la femme une *intercessio* prohibée par le S. C. Velleien : et c'est probablement pour dissiper ces doutes que fut promulguée la constitution d'Anastase. « Jubemus licere mulieribus, et

« pro uno contractu vel certis contractibus, seu pro unâ « vel certis personis seu rebus, juri hypothecarum sibi « competenti per consensum proprium renunciare, quod-« que ità gestum sit, hâc auctoritate nostrâ firmum illiba-« tumque custodiri ; ità tamen ut, si generaliter tali re-« nunciatione pro uno, ut dictum est, contractu seu cer-« tis contractibus, vel ad unam vel certas res seu perso-« nas consensum proprium accommodantes usæ sunt vel « fuerint, eadem renunciatio ad illos contractus et illas « res seu personas quibus consensum proprium accommo-« daverunt vel accommodaverint coarctetur, nec aliis, « quibusdam contractibus, quibus minime mulieres con-« senserunt vel consenserint, prætendentibus eam oppo-« nendi licentia præbeatur ; his scilicet omnibus quæ in « præsenti per hanc consultissimam legem statuimus ad « prieteritos nihilominus contractus, pro negotiis et « controversiis necdum transactionibus vel definitivis sen-« tentiis seu alio legitimo modo sopitis, locum habitu-« ris (1). »

La loi romaine avait donné à la femme un moyen énergique de protéger sa créance en restitution. Lorsque la ruine du mari paraissait imminente, lorsque son patrimoine avait subi un amoindrissement tel qu'il devenait insuffisant pour assurer le paiement de la dot, la femme même au cours du mariage pouvait en exiger la restitution (2).

La femme remise en possession de ses biens dotaux

(1) Loi 21, *cod.*, *ad sen. cons. Vellei*, liv. IV, tit. 29.

(2) Loi 24, *princip.*, *si constante*. — Lois 29 et 30, *cod. de jure dot.*

n'avait pas le pouvoir de les aliéner tant que durait le mariage..Elle en avait simplement la garde et l'administration; elle en percevait les fruits et les employait aux besoins du ménage (1).

Les précautions nombreuses imaginées pour assurer la conservation de la dot, nous révèlent l'importance du changement qui s'était opéré dans la condition de la femme depuis l'époque où, sous le régime de la *manus*, ses biens et sa personne étaient la propriété du mari. C'est le salut de la république elle-même, mise en péril par la corruption des mœurs et la multiplicité des divorces, qui avait éveillé cette extrême sollicitude du législateur pour les femmes mariées. Ce fut au nom de l'intérêt public que l'on ébrécha peu à peu les pouvoirs du mari, et que l'on amoindrit le droit de propriété qu'il possédait sur les biens dotaux. Au nom de l'intérêt public, on ne ménagea pas même cette puissance paternelle que les mœurs des premiers Romains avaient faite si forte. C'est ainsi que le père fut obligé de doter sa fille, au moins dans les cas où celle-ci voudrait contracter un mariage honnête (2). C'est ainsi qu'une fois la dot constituée, il dut s'abstenir de tout pacte qui pourrait la diminuer (3). Enfin, si sa fille se trouvait encore sous sa puissance au moment de la dissolution du mariage, il avait besoin de son concours pour agir en restitution, pour intenter valablement l'action *rei uxoriæ* (*adjunctâ filiæ personâ*) (4).

(1) Loi 29, *cod. de jure dot.* — *Novelle* 97, c. 6.

(2) Loi 19, *de ritu nupt.* Dig. — Loi dernière, *cod. de dotis promissione.*

(3) Loi 7, Dig., *de pactis dotalibus*.

(4) Ulp. *fragm.*, tit. VI, § 6.

De tout cela, il résulte que le mari ne conservait guère sur la dot qu'une propriété nominale, et qu'il tendait de plus en plus à devenir ce qu'il est dans notre loi moderne, un administrateur responsable des biens dotaux. En fait, la dot composait à la femme un patrimoine d'une nature particulière : pendant le mariage, elle en avait sa part de jouissance, et le mariage dissous, elle en acquérait le plus souvent la propriété.

Ces considérations expliquent clairement un certain nombre de textes auxquels nous avons déjà fait allusion, la loi 7 *de pactis dotalibus* (1), la loi 81 *ad legem Falcidiam*, la loi 75 *de jure dotium*, la loi 3, § 5 *de minoribus* (2), la loi 16 *de religiosis*, la loi 71, § 3 *de cond. et demo.*, la loi 7, § 12 *solut. mat.*

Ces textes ont cependant causé de très-grands embarras aux commentateurs. Ils ont pris trop à la lettre les expressions employées par les jurisconsultes romains dans les lois précitées. Ils ont cru que ces expressions servaient à désigner un état de droit, tandis qu'elles désignent surtout un état de fait. De là de grands efforts pour essayer de concilier des textes en apparence contradictoires, les uns affirmant la propriété du mari, les autres la propriété de la femme.

Quelques commentateurs ont soutenu qu'en droit romain, la femme était véritablement propriétaire de la dot. Perezius disait : « Atque ideo dicunt non uxorem, sed ma-
« ritum rei dotalis habere dominium, quod ei auferri non
« potest. Sed non rectè: habet quidem maritus non tam verè,

(1) Où on lit : « *Jam acquisita mulieri dos est.* »

(2) Où on lit : « *Dos ipsius filiæ proprium patrimonium est.* »

« quam juris fictione, dominium propter usumfructum, rei « que exercitium, at uxor communi jure, et naturali ra- « tione rei dotalis dominium retinet, dicitur que dos mu- « lieris patrimonium serviens matrimonii oneribus. » Et le grand argument que fait valoir Perezius, c'est que la moitié du trésor trouvé sur le fonds dotal était attribué à la femme (1). En vain on objectait, avec une grande apparence de raison sans doute, que le mari ayant reçu la dot par tradition, en était devenu propriétaire, puisque la tradition était un mode de translation de propriété; Perezius répondait : « Non obstat quod dotis sid facta traditio, quia non fit ea » mente, ut apud maritum sit, quoad omnes dominii effec- « tus, sed tantum quoad jus administrandi et percipiendi « fructus, convertendos in onera matrimonii (2). » La même opinion était soutenue par Fontanella (3), Doneau (4), et Noodt (5).

D'autres, en sens inverse, attribuaient au mari seul la propriété de la dot. Vinnius, dans ses *Institutes*, a longuement examiné la question. Il rappelle les textes qui sont en faveur du mari, ceux qui sont en faveur de la femme, les conciliations diverses tentées par les auteurs, et finalement il conclut ainsi : « Una hujus dissidii conciliatio « est, ea que simplicissima, ut dicamus, solum maritum « esse rei dotalis etiam inæstimatæ verum justum que

(1) Nous croyons avoir réfuté d'avance cet argument, lorsque nous avons posé le principe que les choses acquises à l'occasion de la dot, et qui ne sont pas des fruits, augmentent le capital de la dot

(2) Perezius, *Prælecti in codice*, lib. v, tit. 12, nos 1 et 2.

(3) Fontanella, *de pactis dotalibus*, t. II, p. 2 5 et suiv.

(4) Doneau, *Comment. de jure civili*, lib. xiv, c. 4, n° 8.

(5) Noodt, *Comment. ad Pand.*, lib. xxiii, tit. 3.

« dominum : cœterum quia hoc dominium mariti perpe-« tuum non est, sed abiturum ab eo, soluto que matrimo-« nio, rediturum ad mulierem... hujus dissolutionis ac « futuræ restitutionis intuitu dotem videri non tam ma-« riti quam uxoris esse, et adhuc patrimonium uxoris « appellari, de que marito considerato eodem eventu ju-« risconsultos nonnunquàm ita loqui tanquam de non « domino, et quasi rei alienæ administratore (1). » Cette opinion était encore soutenue par Voët (2), Hilliger, annotateur de Donneau, Pothier (3).

Enfin une troisième opinion professée notamment par Cujas (4) et s'appuyant surtout sur la loi 30, cod *de jure dot.* admettait que le mari et la femme étaient à la fois, à des titres divers, propriétaires de la dot.

Quant à nous, nous pensons que le mari, en droit romain, était le véritable propriétaire de la dot, qu'il en avait le *dominium ex jure quiritium* Ne pouvait-il pas, en effet, revendiquer les choses dotales, même contre la femme? Ne pouvait-il pas les aliéner, affranchir les esclaves? Ne pouvait-il pas les usucaper *pro dote*, si le *tradens* n'en était pas propriétaire? Mais à quoi bon insister? Tout cela a été déjà l'objet d'une étude spéciale.

Sans doute certains textes nous disent que la dot appartient à la femme, qu'elle est son patrimoine. Mais, ainsi que le dit M. Pellat, « cette contradiction apparente s'explique

(1) Vinnius, *Institut.*, lib. II, tit. 8. V° *quamvis ipsius sit.*

(2) Voët, *Comment. ad Pand.*, lib. XXIII, tit. 3, n°s 19 et 20.

(3) Pothier, *Traité de la puissance du mari*, 2e partie, n° 80.

(4) Cujas, *Cod.*, lib. V, tit. 13. — Loi 1, § *cumque*, t. IV, *Oper. posth.* — *Observat.*, lib X; cap. 32, tit. 2. — *Cod.*, lib. V, tit. 12, t. IV, *Oper. posth.*

en reconnaissant la nature anomale de cette institution. Le mari a la dot dans ses biens, mais il supporte les charges du mariage, au nombre desquelles figure en première ligne l'entretien de la femme. Celle-ci retire donc un profit de la dot; elle en a la jouissance, non comme un droit positif dont elle puisse actuellement faire reconnaître l'existence et s'assurer l'exercice par une action, mais comme un avantage que lui garantit sa position de femme mariée. On peut dire de cette jouissance comme de l'état de mariage lui-même : *in facto potiusquam in jure consistit* (1). »

Et c'est parce que cette jouissance est plutôt de fait que de droit, qu'elle ne ressent pas l'influence de la *capitis deminutis* que peut subir la femme. C'est pour cela que, si le fils de famille est émancipé, donné en adoption ou exhérédé, la dot l'accompagne dans ces différentes positions : car le mariage subsiste toujours, et avec lui les charges auxquelles la dot doit subvenir.

CHAPITRE III

DE LA CONDITION DE LA DOT MOBILIÈRE SOUS JUSTINIEN

Dans la seconde période de l'empire romain, le régime dotal ne cesse pas de se développer. Et cependant les idées ont subi une transformation profonde. Jadis le législateur poussait au mariage et favorisait de toutes ses forces les secondes noces; de la conservation de la dot, il

(1) M Pellat, *Textes sur la dot*, p. 48.

fesait dépendre en quelque sorte le salut de la république. Désormais, sous l'influence du christianisme, le mariage est presque regardé comme un mal nécessaire; les secondes noces sont vues avec une extrême défaveur, et tous les honneurs sont au contraire réservés au célibat. Et, néanmoins, chose remarquable, la dot n'a jamais été traitée avec plus de soin et de prévoyance par le législateur. Tandis que les lois *Julia* et *Papia Poppœa* tombent et disparaissent (1), le régime dotal, né dans les mêmes circonstances et sous l'influence des mêmes causes ne fait que croître et se fortifier. Ce régime a le privilége remarquable de pouvoir satisfaire aux exigences opposées de deux époques différentes. Dans le principe, il a été un instrument dont le législateur s'est servi pour sauver le mariage menacé par la multiplicité des divorces et pour arrêter en même temps les progrès de la dépopulation. Maintenant, il va servir à protéger la femme que le christianisme a grandie et a faite l'égale de l'homme. On ne cherchera pas à assurer la conservation de la dot, parce que l'intérêt de la république l'exige, *quia reipublicæ interest mulieres dotes salvas habere*, mais parce que la femme à cause de la faiblesse de son sexe, *propter fragilitatem sexus*, doit trouver dans la loi une protection spéciale. — Et d'ailleurs, la société n'est-elle pas intéressée à l'amélioration du sort de la femme, à l'aisance et à la prospérité des ménages? Ce sont ces idées nouvelles qui ont assuré la fortune du régime dotal, et qui l'ont fait survivre à la destruction de l'empire romain.

(1) Loi 1, *cod. de inf. pœn. cœlib.* — Loi 27, *cod. de nuptiis.*

Justinien est celui des empereurs chrétiens qui a protégé le plus énergiquement les droits de la femme mariée. C'est lui surtout qui a donné au régime dotal sa physionomie particulière, son caractère de protection à outrance.

Il a promulgué successivement sur notre matière trois constitutions importantes, l'une en 529, l'autre en 530, la dernière en 531.

La constitution de 529 accorde à la femme une action hypothécaire privilégiée sur les choses dotales et une action en revendication. *L.* 30, *cod. de jure dot.*

La constitution de 530 lui accorde une hypothèque générale sur tous les biens du mari. *L.* 1, *cod. de rei uxoriæ actione.*

Enfin la constitution de 531 confère à la femme une hypothèque privilégiée sur tous les biens du mari. *L.* 12, *cod. qui pot. in pign.*

Au lieu d'étudier en détail ces constitutions, nous allons nous demander quelle solution Justinien a donnée aux deux questions que nous nous sommes déjà posées dans le précédent chapitre : Le mari est-il propriétaire de la dot mobilière? Peut-il l'aliéner?

1° *Le mari est-il propriétaire ?* — Cette question ne nous arrêtera pas longtemps, car sur ce point, le langage de Justinien est d'une clarté qui exclut toute contestation Cet empereur veut à tout prix sauvegarder la dot : non content d'accorder à la femme une action hypothécaire privilégiée sur les biens dotaux, il veut lui donner en outre une action en revendication, *ut ei plenissimè consulatur.* Mais le droit de propriété sur la dot que les jurisconsultes reconnaissaient au mari ne va-t-il pas rendre impossible l'action en revendication? Justinien a prévu la difficulté : à côté de la propriété du mari, imaginée, dit-il, par la subtilité des jurisconsultes, il invente la propriété naturelle de la femme. « Non enim quod legum subtilitate » transitus earum (rerum) in patrimonium mariti videa» tur fieri, ideo rei veritas deleta vel confusa est. Volumus » itaque eam (mulierem), in rem actionem in hujusmodi » rebus quasi propriis habere. » Donc si Justinien reconnaît à la femme une sorte de propriété naturelle, il maintient la propriété civile du mari ;

2° *Le mari peut-il encore aliéner les meubles dotaux?* — Ou bien faut-il dire que, sur ce point, Justinien a modifié le droit antérieur, et introduit l'inaliénabilité de la dot mobilière. Cette question est très-délicate et a soulevé jadis de nombreuses controverses parmi les commentateurs.

Tout propriétaire a le droit d'aliéner. Or le mari, nous venons de le voir, est encore propriétaire de la dot; donc il peut l'aliéner. Pour que le mari n'eût pas ce pouvoir, il faudrait qu'une loi spéciale le lui eût enlevé. Cette loi existe-t-elle? On l'a prétendu.

On pourrait d'abord invoquer la constitution 30 elle même, et voici le raisonnement qu'on a peut-être fait, et que, dans tous les cas, on serait tenté de faire. « Cette constitution accorde à la femme une action en revendication pour recouvrer les meubles dotaux à la dissolution du mariage. De ce que la femme peut revendiquer, ne résulte-t-il pas nécessairement que le mari ne peut aliéner? Car, de quelle utilité serait pour la femme sa nouvelle prérogative, s'il était au pouvoir du mari de la rendre inefficace au moyen de l'aliénation? D'un autre côté, si vous maintenez plein et entier le droit de revendication de la femme, que devient le droit d'aliénation du mari? Un droit ridicule, illusoire, absolument subordonné à la volonté de la femme : suivant les caprices de celle-ci, les aliénations faites par le mari tiendront ou ne tiendront pas. Il n'est donc pas possible d'admettre la coexistence de deux droits qui ne peuvent vivre ensemble, dont l'un paralyse nécessairement l'autre. Il faut en sacrifier un; et, pour se conformer au texte et à la pensée de la loi 30, c'est le droit d'aliénation du mari que l'on doit sacrifier. C'est le seul moyen de donner à la revendication de la femme, sans blesser la raison et le bon sens, toute l'utilité que le législateur en attendait. »

A ce raisonnement nous ferons deux réponses.

D'abord, nous trouvons dans la loi 30 elle-même une preuve que Justinien n'a voulu porter aucune atteinte au droit d'aliénation qui appartient au mari. La loi 30, *de jure dot.* a été édictée en 529. La loi unique *de rei uxoriæ actione*, a été promulguée en 530; or, cette dernière loi déclare que désormais, le mari ne pourra plus aliéner le fonds dotal même avec le consentement de sa femme. Qu'est-ce à dire, sinon que dans la loi 30, Justinien avait conservé la législation antérieure sur le droit d'aliénation du mari? Cela est bien évident, car c'est un an après seulement qu'il juge à propos d'y apporter une modification, en ce qui concerne le fonds dotal. Donc, puisque la loi 30 n'a pas changé la législation antérieure en ce qui touche l'aliénation de la dot, et que d'après cette législation le mari avait le droit d'aliéner le mobilier dotal, il est de toute évidence qu'après cette loi 30 il conserve encore ce droit. Cette première réponse nous paraît péremptoire, et nous pourrions nous dispenser d'en ajouter une seconde. Nous le ferons cependant, parce que cela nous permettra d'entrer plus avant dans l'explication de la loi 30.

Le raisonnement que nous avons rapporté plus haut se réduit à ceci: « on ne peut maintenir à la fois dans leur plénitude les droits du mari et de la femme, il faut en sacrifier un. » Nous pensons, au contraire, que les deux droits peuvent coexister sans se détruire. Nous n'admettons pas, en effet, que la revendication de la femme s'exerce contre les tiers acquéreurs, contre ceux qui ont acheté du mari des objets dotaux (1).

Dès lors le droit d'aliénation du mari ne recevra aucune atteinte de l'exercice par la femme de l'action en revendication. Mais alors, nous dira-t-on, la revendication accordée à la femme sera sans objet, sans utilité : elle sera annihilée !

(1) Cette opinion est contredite. Certains auteurs admettent le droit pour la femme de revendiquer la dot entre les mains des tiers. Plusieurs commentateurs ont été de cet avis, notamment Perezius. Après avoir posé en principe que le mari peut aliéner la dot, cet auteur ajoute : « *Non refragatur, quod dicitur in* L. 30, de jure dot., *rerum mobilium et immobilium vindicationem mulieri competere; hoc enim verum est de rebus existentibus penès maritum, non item juste alienatis, quatenùs ut dixi, maritus solvendo est;* nam alias mulieri dabitur utilis rei vindicatio contra tertios possessores. » (*Prælect. in cod.*, lib. v, tit 23, n° 6.) Quelques auteurs modernes partagent encore cette manière de voir. Nous préférons cependant l'opinion contraire. Ce n'est pas que nous trouvions dans le texte de la loi 30 de grandes lumières et de puissants motifs de nous décider dans un sens plutôt que dans l'autre.

Nous croyons fermement que les termes de la loi 30 ne sont ni assez clairs,

Nous avouons que la nouvelle prérogative, dont la femme a été dotée par Justinien, serait beaucoup plus efficace, si elle pouvait s'exercer contre les tiers acquéreurs; mais réduite à s'exercer contre le mari, elle n'en présentera pas moins une utilité considérable. Supposons, en effet, que la femme n'ait que l'action hypothécaire privilégiée. Sans doute elle reprendra les biens dotaux en vertu de cette action, mais elle ne sera pas assurée de les garder. Les autres créanciers hypothécaires useront peut-être du *jus offerendœ pecuniœ*, et viendront offrir la valeur des choses dotales. L'action en revendication épargnera à la femme tous ces inconvénients : elle lui permettra de reprendre sa dot et de la garder en nature. Et ce n'est pas là un mince avantage, car souvent on peut avoir un intérêt d'affection à la conservation d'une chose; souvent aussi il est très-important de ne pas être obligé de procéder à la vente immédiate d'un objet, et de pouvoir choisir son moment.

Il nous paraît donc certain que la constitution 30 est complétement étrangère à la question de l'inaliénabilité de la dot mobilière.

ni assez précis, pour que l'une ou l'autre des deux opinions adverses puisse s'y appuyer solidement. Mais si la loi 30 n'est pas claire, les principes ne sont pas douteux. Le mari, étant propriétaire, peut aliéner; or, il nous paraît impossible d'admettre qu'un tiers ayant acheté un objet d'un homme capable d'aliéner, puisse être plus tard sous le coup d'une action en revendication. Entre les conjectures plus ou moins probables que l'on peut bâtir sur le texte de la loi 30, et des principes certains, nous ne saurions hésiter.

D'ailleurs la solution de cette question, quelle qu'elle soit, sera toujours sans influence sur la question discutée au texte, et qui consiste à savoir si le mari peut aliéner la dot mobilière, même après la loi 30.]

Y a-t-il un autre texte d'où l'on pourrait induire cette inaliénabilité? Oui, c'est la *Novelle* 61.

Dans cette *Novelle*, Justinien établit que les biens compris dans une donation *ante nuptias* ne pourront être ni aliénés ni hypothéqués. Une pareille aliénation faite par le mari serait non avenue, alors même que la femme y aurait consenti ; il en serait autrement toutefois si deux ans après la femme renouvelait son consentement, et si le mari était solvable. Justinien étend cette disposition à la dot, et s'exprime ainsi : « Et multi potius hæc in dote va- « lebunt, *si quid dotis* aut alienetur aut supponatur (1). »

La généralité des expressions employées par Justinien, *si quid dotis*, conduisit à penser que cet empereur avait voulu frapper d'inaliénabilité la dot tout entière, immobilière et mobilière. Cette interprétation n'a pas manqué de partisans dans l'ancien droit où la tendance des esprits était d'exagérer les garanties accordées à la femme. Cela est prouvé par un passage dans lequel Mathieu Wesembach, après avoir rappelé la législation antérieure à Justinien, ajoute : « sed hoc, Justinianus ad provinciales etiam « fundos, et (*ut plerique existimant*) ad res etiam mobiles « quæ servando servari possunt, produxit. (2) » Cela est encore attesté par le passage suivant de Gregorius Tholosanus : « *quidam* hanc facultatem adimunt distractionis « marito, nisi agatur de libertate prœstanda servis dotali- « bus, favore libertatis, ut quidam liceat illos dotales quam- « vis, marito manumittere : *alia alienare non liceat* (3). »

(1) *Novelle*, 61, § 3.

(2) Wesembach, *cod. ad. Pand.*, lib. XXIII, tit. 5, n° 4.

(3) Gregorius Tholosanus, lib. IX, c. 22, p. 172.

C'est qu'en effet il s'était formé parmi les jurisconsultes des quatorzième et quinzième siècle une opinion d'après laquelle on devait, au point de vue du droit d'aliénation, distinguer deux législations différentes : celle du Digeste et du code, et celle des Novelles. D'après le code et le Digeste, l'aliénation du fonds dotal seul est prohibée ; d'après la Novelle 61, la prohibition atteint même les meubles dotaux qui ne se consomment pas par l'usage. Barthole fut le premier qui entra dans cet ordre d'idées « de « jure Digestorum et codicis, dit-il, solummodo alienatio « fundi est prohibita, non autem alienatio rei mobilis... « Hodie vero per hanc authenticam (sive a me) res dotales « quæ servari possunt, non possunt alienari, nisi cum « solemnitate hic positam (1). »

L'idée de Barthole fut acceptée par un grand nombre d'auteurs (2), notamment par Perezius. Après avoir dit que la prohibition de la loi Julia devait, sous l'empire du Digeste et du code, s'entendre seulement du fonds dotal et non des choses mobilières, Perezius ajoute : « *Jure novissimo* non tenet alienatio specierum, nisi adhibita so- « lemnitate renovati post biennium ab uxore consensus « (auth. sive a me), aut nisi res tales sint, quæ in poste- « rum integræ servari nequeunt, ut animalia et vesti- « menta quotidiani usus, item que res quæ pondere, nu- « mero aut mensurâ continentur, quæ vendi et consumi « possunt, et in suo genere refici. Quod et Joanni Fabro « placet. »

(1) Barthole, *in cod. auth. sive a me*, p. 185. édit. de 1589.

(2) On en trouve une preuve frappante dans une dissertation de Henrys, avocat au bailliage de Forez, liv. IV, quest. 8, t. II, p. 181 et suiv.

Cette interprétation ne prévalut pas cependant parmi les romanistes. Elle fut repoussée par Cujas (1), Vinnius (2), Voet (3), qui limitèrent l'inaliénabilité de la dot aux seuls immeubles.

Et en effet, il nous paraît impossible de faire sortir de la Novelle 61 un argument sérieux en faveur de l'inaliénabilité de la dot mobilière. Nous ferons observer d'abord que Justinien n'aurait pas introduit une si grande innovation, en quelque sorte par surprise, par accident, par ces simples mots, *si quid dotis*, perdus dans les détails d'une Novelle longuement développée. Ce n'est pas la manière de procéder familière à cet empereur : quand il opère une réforme juridique, il a toujours soin de la faire précéder de considérations verbeuses et pleines de pompe.

Mais, et cette remarque est décisive, la portée du *si quid dotis* est clairement expliquée par l'ensemble de la Novelle. De quoi s'agit-il ? D'interdire l'aliénation des biens composant une donation *ante nuptias*, en tant que ces biens seraient immobiliers, *si quis... scripserit donationem, in qua etiam aliquid* immobilium *est*. La rubrique ne parle aussi que des immeubles, *ut* immobilia *propter nuptias donationis neque hypothecæ dentur, neque omnino alienentur*. Or que fait Justinien ? Il étend à la dot la réforme opérée pour la donation *propter nuptias*, et cette extension naturellement n'a lieu que dans le même sens et dans les mêmes limites.

(1) Cujas, *ad cod.*, lib. v, tit. 13, loi 1. — § *cumque*, tit. IV, *et res. pop.*, lib. XIII, loi 1, tit. 1.

(2) Vinnius, *Instit.*, lib. II, tit. 8, *in princip.*

(3) Voët, *Comm. ad Pand.*, lib. XXIII, tit. 5, n° 4.

Un commentateur, Gregorius Tholosanus, a développé sur notre question un système qui, au point de vue des solutions pratiques, se confond avec celui de Barthole et de ses disciples, mais qui en diffère au point de vue théorique. Gregorius commence par avouer que la loi Julia s'applique nominativement aux immeubles, *rebus soli*. Il va donc admettre que toutes les autres choses pourront être aliénées par le mari. Nullement. Il distingue les choses mobilières qui sont susceptibles de se conserver *quæ servando servari possunt*, et celles que l'usage détériore, *quæ servando servari non possunt*. Les premières; le mari peut les aliéner, pourvu qu'il soit solvable : car la vente de pareils objets est évidemment profitable à la femme; les autres, le mari ne peut les aliéner de sa propre autorité. Comment notre auteur arrive-t-il à formuler une pareille distinction qui contredit la loi Julia, dont il semble lui-même reconnaître l'application restreinte? C'est, dit-il, par analogie de ce qui se passe pour les biens des mineurs. Et, en effet, d'après la loi 22, *cod. de adm. tut. vel. curat.*, il est défendu aux tuteurs ou aux curateurs de vendre *sine interpositione decreti* toute chose mobilière ou immobilière, que l'on peut conserver sans en craindre le dépérissement (1).

L'analogie qui a séduit Gregorius Tholosanus n'est qu'apparente. Le mari, en effet, étant propriétaire des biens dotaux, peut les aliéner, à moins qu'une loi spéciale ne lui enlève ce droit; or, la loi Julia a restreint le pouvoir du mari quant aux immeubles, mais elle a passé sous

(1) *Gregorius Tholosanus*, lib. IX, cap. 22, n°s 13 et 14, p. 172.

silence les meubles qui restent, en conséquence, sous l'empire de la règle générale. La situation des tuteurs et curateurs est entièrement différente : n'étant point propriétaires des biens des mineurs, ils ne sauraient valablement les aliéner : la règle pour eux, c'est la défense d'aliéner. Une loi spéciale serait nécessaire pour leur permettre l'aliénation (1).

CAPACITÉ DE LA FEMME DANS LE DROIT DE JUSTINIEN

L'action de dote, avant Justinien, était garantie par un *privilegium inter personales actiones*, et par des sûretés conventionnelles, gage ou hypothèque. La femme pouvait valablement renoncer aux sûretés qu'elle tenait de la convention ; mais elle était incapable de se dépouiller du *privilegium* au moins d'une manière directe.

Justinien, par un ensemble de dispositions qui lui ont valu le surnom d'*uxorius*, a muni la créance de la femme de garanties véritablement excessives. Dans les trois constitutions de 529, 530, 531, il a complétement sacrifié les droits des tiers à la conservation de la dot.

L'hypothèque que la femme pouvait stipuler sur les biens dotaux ne suffisait pas, car d'autres créanciers avaient peut-être une hypothèque préférable (2) ; et Justinien accorde à la femme une hypothèque priviligiée. Cette hypothèque elle-même paraît insuffisante, et il imagine l'action en revendication (3). Ce système de protec-

(1) Voët, lib. XXIII, lit. 5, n° 4, p. 100.

(2) Par exemple, des créanciers munis d'une hypothèque tacite, comme les mineurs.

(3) Nous avons déjà dit que, dans notre opinion, la femme par l'exercice de l'action en revendication ne pouvait atteindre les tiers acquéreurs des

tion semble bien complet ? il ne l'est pas cependant. Justinien aperçoit une brèche par où le droit des tiers peut encore se frayer un passage, et il concède à la femme une hypothèque privilégiée sur tous les biens du mari. C'était assez ; d'un coup Justinien avait attteint les dernières limites de la protection : il avait dignement couronné son édifice !

La femme peut-elle renoncer à ces sûretés ?

Nous avons sur cette question un texte important, c'est la loi unique au code de *rei uxoriæ actione*, § 15. Ce qui ressort d'une manière certaine des termes de cette loi, c'est 1° que la femme est mise dans l'impuissance de renoncer à son hypothèque privilégiée sur le fonds dotal ; 2° qu'elle peut, au contraire, renoncer à l'hypothèque simple sur les biens propres du mari, et même à l'hypothèque privilégiée sur les immeubles apportés en dot avec estimation.

Mais la loi 1, § 15 ne parle pas expressément des meubles dotaux ? Faut-il dire que la femme est incapable de renoncer à son hypothèque privilégiée et à son action en revendication, quand il s'agit de cette espèce de biens ? On l'a

objets dotaux, et qu'elle avait seulement l'avantage de reprendre ces objets en nature, entre les mains du mari, lorsqu'ils s'y trouvaient encore au moment de la restitution.

Cette solution ne souffre aucune difficulté en ce qui concerne les objets non estimés. Mais que faut-il décider à l'égard des meubles apportés en dot avec estimation ? La femme pourra-t-elle également les revendiquer, et les reprendre *in specie* ? Ne doit-on pas dire au contraire qu'elle devra se contenter du montant de l'estimation ? Ici encore nous pensons que la question peut se résoudre seulement par l'application des principes généraux. En cas d'estimation, qu'est-ce qui est dû à la femme ? C'est le prix, et non pas la chose ; or, comme le dit très-bien M. Demangeat (fonds dotal, p. 99) « ne serait-il pas bizarre qu'une personne à qui on offre ce qui est l'objet de son droit, pût exiger autre chose. »

prétendu, en s'appuyant surtout sur la généralité du motif mis en avant par Justinien; *ne et consensu mulieris hypothecæ ejus minuantur*. Mais il nous paraît évident que ces expressions ainsi entendues dépasseraient la pensée de Justinien, puisqu'il conserve la constitution d'Anastase, en la modifiant sur un seul point, la possibilité pour la femme de renoncer à l'hypothèque privilégiée sur le fonds dotal non estimé. Or, puisqu'à part cette dernière modification, la constitution d'Anastase reste entière, et que cette constitution permet à la femme de consentir une renonciation aux sûretés de sa dot, sous quel prétexte lui défendrait-on de se dépouiller de ses droits de revendication et d'hypothèque, en ce qui concerne sa dot mobilière?

Au reste, il ne faut pas oublier que Justinien n'a pas enlevé à la femme la capacité de contracter pendant le mariage des obligations valables, même quant aux biens dotaux : il n'a fait que renforcer la prohibition du sénatus-consulte Velléien, qui interdisait à la femme toute *intercessio* en faveur du mari (Novelle 134).

DE LA CONDITION

DE LA DOT MOBILIÈRE DE LA FEMME

PENDANT LE MARIAGE

SOUS LE RÉGIME DOTAL

En droit français

La division des biens en meubles et immeubles, qui n'avait à Rome qu'un intérêt secondaire, est devenue dans notre droit français, d'une importance capitale et d'une application presque universelle. Le législateur moderne, distinguant avec soin ces deux espèces de biens, leur a très-souvent assigné des règles différentes. Lorsqu'il s'est agi notamment d'organiser la communauté, et de déterminer la condition qui serait faite sous ce régime matrimonial au patrimoine de chaque époux, il n'a pas réglé, d'après des principes communs, la fortune mobilière et la fortune immobilière. Malheureusement, sa manière de procéder n'est pas aussi nette en ce qui concerne le régime dotal. Dans le petit nombre d'articles qu'il a consacrés à l'élaboration de ce régime, c'est à peine s'il mentionne les objets mobiliers. Rien ne nous indique qu'il ait donné une attention spéciale à cette classe de biens. La grande préoccupation du législateur de 1804 a été de savoir si, à côté du régime des pays coutumiers, il était utile, nécessaire de maintenir le régime des pays de droit écrit. Au milieu de la lutte ardente qui s'engagea sur ce point entre les jurisconsultes du Nord et ceux du Midi, bon nombre de points furent négligés. Aussi, rien de plus difficile que de déterminer la condition de la dot mobilière de la femme sous le régime dotal. Lorsqu'on se trouve en face d'une difficulté relative à cette dot, on est très-souvent dans l'impuissance de donner une solution s'appuyant sur un texte de loi; et cet embarras ne se produit pas seulement pour ces questions de détail que révèle l'expérience des affaires, et que le législateur ne pouvait prévoir; mais pour les questions les plus importantes, pour celles qu'une longue tradition désignait à son attention, comme celle de l'inaliénabilité de la dot mobilière. Où trouver alors la solution? Les uns s'efforcent de la faire sortir des principes généraux du droit, de cet ensemble de règles qui planent en quelque sorte au-dessus de toutes les matières. Les autres se réfèrent à l'ancienne pratique des parlements. D'autres enfin, tout en respectant les traditions, s'efforcent de les accommoder aux mœurs de l'époque, aux principes nouveaux de l'économie politique : c'est surtout la tendance de la jurisprudence.

Nous étudierons, dans un premier chapitre, les droits du mari et de la femme sur la dot mobilière pendant le mariage.

Un second chapitre sera consacré à l'inaliénabilité de la dot mobilière.

CHAPITRE PREMIER

DES DROITS DU MARI ET DE LA FEMME SUR LA DOT MOBILIÈRE

SECTION 1re. — DES DROITS DU MARI

Le mari a l'administration et la jouissance des biens dotaux

Nous avons vu quels efforts fesaient les commentateurs, dans l'ancien droit, pour expliquer la contradiction apparente qu'offrent les lois romaines, relatives à la propriété de la dot. Nous avons vu que certains auteurs, empruntant les expressions de la loi 30 (cod. *de jure dot*), enseignaient que la famme avait la propriété naturelle, véritable, tandis que le mari n'avait qu'une propriété feinte, reposant non sur la réalité des choses, mais sur les subtibilités du droit. C'est l'idée qui prévalut et qui inspira la jurisprudence des parlements méridionaux. Sans doute elle n'était pas conforme à l'esprit des lois romaines, nous l'avons démontré; mais, qu'importe? elle constituait un progrès sérieux, elle étaitun acheminement vers le triomphe définitif de la vérité que Justinien avait entrevue, et que notre Code civil devait consacrer; et, à ce titre, nous nous félicitons qu'elle ait été adoptée par les pays de droit écrit.

La prépondérance du droit de la femme sur celui du mari se manifestait à plusieurs égards. Ainsi dans tous les parlements on permettait à la femme de donner la dot pour l'établissement des enfants. Ainsi encore, bien que la jurisprudence reconnût au mari le droit d'aliéner les meubles dotaux, des auteurs décidaient cependant que les créanciers du mari ne pouvaient pas saisir les créances dotales (1).

Dans le parlement de Bordeaux on faisait la part si large à la propriété de la femme que le mari ne pouvait exercer seul les actions réelles : il avait besoin du concours de sa femme (2).

La doctrine de l'ancien droit écrit nous paraît fort bien résumée dans le passage suivant de Domat : « Le droit qu'a le mari consiste en ce qu'il a l'administration et la jouissance du bien dotal, que la femme ne peut lui ôter ; qu'il peut agir en justice en son nom de mari, pour le recouvrer contre les tierces personnes qui en sont les détenteurs ou les débiteurs, et qu'ainsi il exerce de son chef, comme mari, les droits et actions qui dépendent de la dot d'une manière qui le fait considérer comme s'il en était le maître, mais qui n'empêche pas que la femme n'en conserve la propriété (3). »

Le code civil qui a maintenu au mari les pouvoirs étendus que lui reconnaissait l'ancien droit, a supprimé ces dénominations de propriété *civile*, propriété *fictice* dont nos vieux auteurs se servaient pour caractériser l'ensemble de ses droits sur les biens dotaux. Le mari désormais a l'administration et la jouissance de la dot mobilière, et la femme en règle générale, en conserve la propriété. Telle est, selon nous, la véritable doctrine du code civil, doc-

(1) Salviat, *Jurisp. du Parl. de Bordeaux*, p. 197, n° 7. — Despeisse et son annotateur, Rousseau de Lacombe, *De la Dot*, sect. 2, n° 34, p. 493, et sect. 3, n° 29, to I, p. 508. — Fromental, v° *Dot*, p. 245. — Albert, lett. F, ch. 12, p. 216. — Mallebay de la Mothe, v° Saisie, IV, p 426.

(2) Salviat, p. 196. — Merlin, *Répert.*, v° Puiss. marit. sect. 2, art. 3, § 3.

(3) Domat, *Lois civiles*, liv. I, tit. 10, sect. 1re, § 4.

trine facile à justifier; car sur ce point, les textes ne manquent pas. C'est d'abord l'article 1549 qui donne expressément au mari l'administration et la jouissance de tous les biens dotaux, sans distinction, meubles et immeubles ; ce sont les articles 1555 et 1556. Bien mieux, nous avons des textes qui établissent spécialement la propriété de la femme sur les meubles dotaux. Ainsi, l'article 1551, en disant que le mari devient exceptionnellement propriétaire de la dot ou partie de la dot consistant en objets mobiliers mis à prix par le contrat, contient implicitement la reconnaissance du droit de propriété qui, en principe, appartient à la femme. Les articles 1564 et 1565 amènent forcément à la même conclusion. Enfin, l'article 1566 parle des meubles dont la *propriété reste* à la femme.

La doctrine qui résulte si clairement de ces articles trouve sa confirmation dans les travaux préparatoires. Sur l'article 131 du projet (1562 du Code), M. Duveyrier, dans son rapport au Tribunat, s'exprime ainsi : « La dot étant dans tous les mariages la *propriété de la femme*, il est juste qu'elle ait partout, et sous quelque régime qu'elle soit mariée, le moyen d'en prévenir ou d'en réparer la perte. » Après avoir parlé des cas exceptionnels dans lesquels la propriété passe au mari, le même orateur dit : Hors le cas de ces stipulations précises, le mari n'a que la perception des fruits de la dot et son administration... La propriété de la dot reste à la femme (1). » « Le mari, disait M. Siméon au Corps législatif, puisqu'il n'est qu'un usufruitier ne peut aliéner *ce qui ne lui appartient pas* (2). » « A la disso-

(1) Locré, t° XIII, p. 382 et 386.
(2) Locré, t° XIII, p. 147, n° 46.

lution du mariage, la femme rentre de plein droit en possession de ses biens dotaux, comme *un propriétaire* grevé d'usufruit y rentre par le décès de l'usufruitier (1). »

Quelques auteurs, cependant, peu satisfaits sans doute des expressions employées par la loi dans l'article 1549, ont voulu caractériser plus brièvement et d'un seul mot les droits du mari sur les biens dotaux. Proudhon y voit un usufruit légal. « Lorsqu'en se mariant, dit-il, les époux ont adopté le régime dotal pour la règle de leurs intérêts, le mari est *usufruitier* des biens dotaux de la femme, puisqu'il en perçoit tous les fruits et revenus dans son intérêt personnel (2). »

Toullier critique longuement ce passage de Proudhon. D'après lui, c'est une erreur de croire que le mari soit un usufruitier. « Car l'usufruit est un droit réel, *jus in corpore*... au contraire les droits du mari sur les biens de la femme ne sont que des droits purement mobiliers. Ils prennent leur source dans le contrat de constitution de dot, par lequel la femme donne à son mari la jouissance de ses biens dotaux pendant le mariage, pour en supporter les charges. »

Il nous semble que cette critique de Toullier ne porte pas. En effet, est-ce que Proudhon a jamais prétendu que la jouissance du mari sous le régime dotal était un droit réel, un démembrement de propriété? Assurément non. Il s'est contenté de désigner cette jouissance sous le nom d'usufruit légal, et pour justifier cette qualification, il aurait pu se prévaloir de l'autorité de la loi elle-même. Le

(1) Locré, t° XIII, p. 474, n° 48.

(2) Proudhon, *Traité de l'usufruit*, t. I, pag. 358.

code, en effet, appelle usufruit légal (art. 389 et 601) la jouissance accordée au père durant le mariage, et après la dissolution du mariage, au survivant des père et mère sur les biens de leurs enfants jusqu'à l'âge de dix-huit ans accomplis, ou jusqu'à l'émancipation qui pourrait avoir lieu avant cet âge. Or, cette jouissance, attribut de la puissance paternelle, est de même nature que celle du mari. De même que le père perçoit les revenus des biens de son enfant mineur pour son compte personnel, à la charge de pourvoir aux besoins de l'éducation ; de même le mari recueille à son profit les fruits et revenus des biens dotaux, à la charge de subvenir aux nécessités du ménage. Dans l'un et l'autre cas, pas de droit réel, pas de démembrement de propriété. Dans l'un et l'autre cas, le père pas plus que le mari ne peut céder à un tiers son droit de jouissance qui a reçu de la loi une destination spéciale, laquelle, avant tout, doit être remplie.

Devons-nous, cependant, maintenir cette qualité d'usufruitier que Proudhon attribue au mari? Nous ne le pensons pas. En effet, nous ne pouvons pas ici nous appuyer sur le texte du code; nulle part, les rédacteurs ne se servent, pour désigner la jouissance du mari, de l'expression *usufruit légal*, qu'ils emploient au contraire pour qualifier la jouissance du père sur les biens de son enfant mineur. De plus, cette expression peut paraître trop étroite pour comprendre tous les pouvoirs du mari sur la dot; car beaucoup d'auteurs, malgré l'opinion contraire de Proudhon (1), pensent que les actions pétitoires doivent être déniées à l'usufruitier ordinaire.

(1) Proudhon, *Traité de l'usuf.*, t. III, n° 1234.

Mais si Proudhon a commis une simple inexactitude de langage, Toullier, en voulant la relever, est tombé dans une véritable erreur juridique. Cet auteur qui trouve si étrange et si blâmable, l'expression d'usufruit légal, se sert à son tour d'un mot fort malheureux. Il voit dans la jouissance du mari une *antichrèse*. « C'est, dit-il, pour demeurer quitte de sa portion contributive aux dépenses et charges nécessairement variables de chaque année, que la femme donne à forfait à son mari la jouissance de tous ses biens dotaux, comme dans l'*antichrèse*. » Toullier a été séduit par une fausse analogie. Le droit du mari sur les biens dotaux, et le droit du père sur les biens de son enfant sont, avons-nous dit, de même nature, et c'est un argument que Proudhon pouvait invoquer pour se justifier.

Mais en est-il de même, en ce qui regarde le droit du mari, d'une part, et le droit de l'antichrésiste de l'autre ? Il s'en faut bien. Et d'abord, le droit d'antichrèse est un droit réel (1), et nous pouvons retourner contre Toullier le principal argument qu'il opposait à son adversaire. De plus, l'antichrèse ne peut porter que sur des immeubles, tandis que le droit de jouissance du mari embrasse les biens meubles et immeubles qui composent la dot.

Nous devons aussi repousser la doctrine de M. Troplong, qui consiste à reconnaître au mari une sorte de droit de propriété sur les biens dotaux, non pas un droit de propriété pleine et entière, mais un domaine « irrégulier et

(1) Cela pouvait faire doute autrefois, mais le doute n'est plus permis depuis la loi du 23 mars 1855 sur la transcription hypothécaire.

incomplet (1). » Pourquoi M. Troplong tient-il un pareil langage? Uniquement, semble-t-il, parce que c'était celui de la majorité des auteurs dans l'ancien droit. Mais il nous paraît qu'il faut se préoccuper avant tout de la loi moderne. Or, le Code a répudié complétement ces expressions de domaine civil, domaine fictif, quasi-propriété, qui se rencontrent à chaque instant dans les ouvrages anciens. Les articles 1549, 1551, 1555, 1564, 1568 le prouvent jusqu'à l'évidence.

Au reste, puisque M. Troplong veut voir dans le mari une sorte de propriétaire, pourquoi ne pas admettre en sa faveur une propriété véritable, absolue, et non pas un simulacre de propriété? M. Troplong répond, il est vrai « qu'il manque beaucoup de conditions au mari pour être pleinement propriétaire de la dot. Le mari doit rendre la chose; il ne peut l'aliéner; il est comptable de ses fautes dans le maniement des choses dotales (2). » Cette réponse ne peut nous satisfaire. Est-ce que l'obligation de restituer, est-ce que l'obligation de rendre compte de ses fautes sont incompatibles avec le droit de propriété? Mais c'est là la situation de tout débiteur de corps certain; peut-on dire cependant que ce débiteur n'est pas plein propriétaire de la chose qu'il doit? — Mais le mari ne peut aliéner la chose dotale? — Cette objection elle-même n'en est pas une. On a plus d'un exemple de propriétaires qui ne peuvent pas aliéner; et, pour invoquer un souvenir se rattachant à notre sujet, nous rappellerons la situation du mari en droit romain qui était propriétaire du fonds dotal, et qui

(1) Troplong, *Contrat de mariage*, t. IV, n° 3104.
(2) Troplong, t. IV, n° 3099.

néanmoins était incapable de l'aliéner d'après la loi *Julia*.

Et d'ailleurs, si le mari ne peut aliéner l'immeuble dotal dont nous n'avons pas à nous occuper ici, il peut aliéner la dot mobilière, d'après M. Troplong, qui dit au n° 3229 de son contrat de mariage : « Il faut tenir pour constant que la dot mobilière est aliénable par le mari. Ne dites donc pas que si le mari n'est pas propriétaire dans la pleine acception du mot, c'est parce qu'il ne peut aliéner. En ce qui touche la dot mobilière, le mari réunit toutes les conditions qui, d'après l'article 544 (cod. civ.) constituent le droit de propriété : il en jouit et en dispose.

Ainsi de deux choses l'une : ou le mari a l'administration et la jouissance des biens dotaux, ou il en a la propriété réelle, véritable. Il n'y a pas de place pour ce droit mixte que M. Troplong appelle une quasi-propriété. Les principes du code d'accord avec la raison repoussent cette situation intermédiaire que fait au mari le célèbre commentateur.

Encore une considération qui montrera mieux que tous les raisonnements, combien l'opinion que nous combattons est insoutenable. M. Troplong reconnaît que le mari est administrateur légal. Mais de quoi est-il donc administrateur ? « A côte du droit du mari, dit cet auteur, il y a un droit de la femme... C'est de ce droit que le mari est l'administrateur légal. » Mais ce droit de la femme, puisque, d'après vous, le mari est propriétoire, ne peut être qu'une créance éventuelle en restitution.

Or, se figure-t-on bien l'administration d'une créance

éventuelle? et n'est-ce pas le cas de dire avec M. Tessier, « le mari aurait une administration sans rien administrer (1). »

Il faut donc en revenir purement et simplement au langage du code. Le mari a l'administration et la jouissance des biens dotaux : voilà la vérité. Et retournant contre M. Troplong ses propres paroles, nous pouvons lui dire : en dehors de là « vous tombez dans la confusion et ne savez plus à quoi vous en tenir (2). »

A propos de la question que nous venons d'examiner, M. Marcadé s'exprime ainsi : « Rien de plus arbitraire et de plus inadmissible aujourd'hui que l'idée des deux domaines de la dot... Le code tient la femme pour seul propriétaire, mais le mari ne laisse pas de jouir de tous les droits qu'il avait à Rome : la loi l'investit d'un mandat pour cela... *Ce n'est donc qu'une affaire de mots et d'exactitude de langage;* au fond, les résultats sont les mêmes. » Nous croyons qu'il y a plus qu'une affaire de mots. Ainsi M. Troplong fait dériver le droit pour le mari d'aliéner la dot mobilière, de sa qualité de *dominus dotis;* nous donnerons une autre origine à ce pouvoir. Le même auteur admet les créanciers du mari à saisir les créances dotales, et se prononce pour la compensation légale des dettes du mari avec les créances de la femme, et toutes ses décisions, il les motive sur la quasi-propriété du mari. C'est parce que nous ne reconnaissons pas cette quasi-propriété que nous donnerons des solutions toutes différentes.

(1) Tessier, *Questions sur la dot,* n° 41.
(2) Troplong, n° 2102.

SECTION II

Le mari considéré comme administrateur des meubles dotaux.

Le mari a le droit de recevoir le remboursement des créances dotales. Par conséquent, il peut en donner quittance au débiteur avec main-levée des inscriptions hypothécaires.

Peut-il recevoir le remboursement des rentes perpétuelles qui seraient comprises dans la constitution dotale? Cette question pouvait faire difficulté dans l'ancien droit, « parce qu'on s'attachait trop à la qualité d'immeuble qu'il avait plu de donner aux rentes (1). » Mais aujourd'hui le doute n'est plus possible; car toutes les rentes sont des créances mobilières; (art. 529) et l'article 1549 permet le remboursement de toute espèce de capitaux sans distinction.

Il est loisible au mari d'accorder un terme pour le payement, mais dans ce cas, il prend à sa charge la responsabilité de tous les événements qui dans l'intervalle peuvent atteindre la solvabilité du débiteur.

Il va de soi que la quittance sous seing privé délivrée par le mari fait foi de sa date contre la femme, jusqu'à preuve contraire. La femme, en effet, ne saurait invoquer l'article 1328, et prétendre qu'elle est un tiers à l'égard du mari. C'est l'article 1322 qui est applicable : la femme est non pas un tiers, mais un ayant-droit à l'égard du mari, qui est son mandataire. Cette question trouve surtout son application pratique en cas de séparation de biens; alors,

(1) Merlin, *Répertoire*, V° Dot, n° 4.

en effet, le mari dépouillé de l'administration de la dot pourrait, au moyen d'antidates, préjudicier gravement aux intérêts de la femme. La jurisprudence décide même qu'il faudrait appliquer l'article 1322, malgré la clause du contrat de mariage qui imposerait au mari l'obligation « de passer des reconnaissances authentiques et de faire inventaire des sommes capitales et effets mobiliers qu'il recevra d'elle ou pour elle pendant le mariage, afin d'en assurer la restitution à qui de droit. » La Cour de Lyon base cette décision sur ce qu'une pareille clause, particulière au mari vis-à-vis de sa femme, concerne seulement le réglement des intérêts respectifs des époux, à la dissolution du mariage, ou en cas de séparation de biens; mais qu'elle ne concerne pas les intérêts des tiers vis-à-vis de la femme (1).

Le mari à qui l'on rembourse une créance dotale n'est pas tenu, en principe, de faire emploi du capital reçu. Mais le contrat de mariage stipule très-souvent la condition de l'emploi. L'effet d'une pareille clause est de restreindre le pouvoir qu'a le mari de recevoir le remboursement des deniers dotaux et d'en donner quittance libératoire. Si le mari perçoit les capitaux de la femme, c'est à la condition d'en faire emploi ; et s'il donne quittance au débiteur, la validité de cette quittance est soumise à la même condition.

Voilà donc les débiteurs de la dot responsables du défaut d'emploi, et exposés à faire un second payement. Cette doctrine est bien rigoureuse pour les tiers; nous dirons même qu'elle est difficile à justifier logiquement.

(1) Lyon, 25 janvier 1831. *Req.*, rej., 28 novembre 1833.

Un contrat de mariage contient simplement une clause d'emploi, sans autre explication. Deux interprétations de cette clause sont possibles. Elle peut s'interpréter d'abord comme une convention intervenue entre les deux époux, et par laquelle le mari prend l'obligation d'employer de telle ou telle manière les deniers qu'il touchera. Si l'emploi n'a pas lieu, cela ne regarde pas les tiers : c'est affaire entre la femme et le mari. Elle peut aussi s'interpréter en ce sens qu'on a voulu mettre une condition au mandat que le contrat de mariage confère au mari pour recevoir les créances dotales. Ainsi interprétée, la clause devient opposable aux tiers.

De ces deux interprétations, la première nous paraît la plus naturelle. Le débiteur qui a payé les deniers dotaux et que l'on voudrait rendre responsable du défaut d'emploi, pourait dire, en effet, avec une grande apparence de raison : « Je ne puis être responsable du défaut d'emploi, parce que j'ai payé au mari, capable de recevoir les capitaux, et d'en disposer à son gré. Pour qu'il en fût autrement, il faudrait que le contrat de mariage eût restreint cette capacité d'une façon certaine. Or, une pareille restriction ne résulte pas clairement d'une simple clause d'emploi. » Il nous semble qu'un arrêt de la Cour impériale de Paris (30 mai 1854) est entré dans cet ordre d'idées: « Considérant que selon les principes généraux du droit, le mari a l'entière disposition de la dot mobilière, et que, quelque emploi qu'il en ait fait, aucun recours n'est ouvert contre les tiers avec lesquels il a traité ; — que s'il est permis d'apporter des restrictions au pouvoir du mari, et de régler l'emploi de la fortune mobilière de la femme, ces stipulations ne sont opposables aux tiers qu'autant qu'elles sont *expresses*, *absolues*, et qu'elles ont été la *condition* des actes faits en exécution de la convention matrimoniale (1). »

Néanmoins presque tous les auteurs se rallient à la doctrine d'après laquelle la clause d'emploi doit être interprétée en ce sens qu'elle est de sa nature opposable aux tiers. C'était la doctrine la plus généralement reçue dans l'ancien droit, et, en notre matière, les traditions sont d'une importance capitale (2).

Non-seulement les tiers sont responsables du défaut d'emploi, mais encore de son inefficacité ou de son insuffisance. C'est à eux à surveiller le mari. D'ailleurs, si malgré leur prudence et leur bonne foi, l'emploi se trouvait inutile ou défectueux, ils seraient à l'abri de toute réclamation : ce sont là des questions de fait livrées à la souveraine appréciation des tribunaux.

Un mot sur les formes de l'emploi. On s'accorde à reconnaître que le mari doit déclarer dans l'acte que l'acquisition est faite des deniers dotaux de la femme et pour lui servir d'emploi. Mais faudra-t-il de plus l'acceptation de la femme exigée par l'article 1435? La cour de cassation a jugé que, dans le silence du Code, il fallait appliquer par analogie les règles ordinaires de la communauté. (Arrêt du

(1) Paris, 30 mai 1854, Sir., 54, 2, 705. — En ce sens, arrêt de la même Cour, du 4 juin 1831, Sir., 31, 2, 211.

(2) Tessier, *Traité de la dot*, t. II. p. 130, note 828. — Merlin, V° Remploi. — Troplong, n° 3, 120 — Rodière et Pont, t. II, n° 553. — Benech, n° 99. (Cass., 9 juin 1841, Sir., 41, 1, 409. Paris, 23 mars 1844, Sir., 44, 2, 131.)

2 mars 1859.) Au reste, c'était la doctrine de l'ancienne jurisprudence.

On jugeait aussi dans l'ancien droit que l'acceptation de la femme ne pouvait lui être opposée comme une fin de non recevoir dans le cas où, par suite de l'inutilité de l'emploi, elle serait obligée de recourir contre les tiers (1). Cette décision est encore admise aujourd'hui.

Enfin, la femme doit recourir d'abord contre le mari, et subsidiairement contre les tiers.

Le mari a-t-il le pouvoir d'aliéner les meubles corporels et les créances qui font partie de la dot? C'est une question dont nous ajournons l'étude ; à cause de son extrême importance, nous lui consacrons un chapitre spécial.

Cependant, dès à présent nous allons examiner si les dettes du mari doivent se compenser de plein droit avec les créances de la femme, car ce point se rattache directement à la question de savoir si le mari est, oui ou non, propriétaire de la dot.

Le mari est débiteur de *Primus; Primus*, à son tour, est débiteur de la femme, dont tous les biens sont dotaux : ces deux dettes se compensent-elles de plein droit? Nous ne le pensons pas. Pour que la compensation légale puisse s'opérer, il faut deux personnes débitrices l'une de l'autre. Or, dans l'espèce que nous examinons, le mari est débiteur de *Primus*, mais *Primus* est débiteur de la femme. Comme on l'a fort bien dit : « Si le mari est autorisé à toucher et à céder les créances dotales, ce n'est pas à dire pour cela

(1) Roussilhe, n° 236.

qu'il en soit personnellement titulaire. Il faut toujours distinguer en lui deux personnes, celle de propriétaire de son propre patrimoine et celle de représentant des intérêts dotaux. C'est ainsi qu'il est admis à demander l'annulation de la vente par lui consentie d'un immeuble dotal, sans qu'on puisse lui opposer la maxime : *Quem de evictione tenet actio, eumdem agentem repellit exceptio,* et cela quand même il s'est formellement soumis à la garantie. De même aussi il faut reconnaître que la compensation légale ne saurait s'opérer entre une créance dont il est débiteur en son nom personnel, et une créance qu'il n'a pouvoir de toucher qu'en qualité d'administrateur de la dot (1). »

Telle n'est pas cependant la doctrine de la majorité des auteurs et même de la jurisprudence. M. Troplong, notamment, se prononce pour la possibilité de la compensation légale. Pour soutenir son système, il ne trouve rien de mieux que de reproduire et de critiquer un long passage de Duperrier, accompagné des observations de son annotateur.

La théorie de Duperrier repose sur une distinction : le mari est-il solvable, la compensation qui s'est opérée reste valable; est-il insolvable, la compensation est regardée comme non-avenue. Le principal argument que fait valoir Duperrier à l'appui de cette thèse, c'est qu'une distinction semblable était admise en matière de prescription des droits dotaux. Or, la prescription, de même que la compensation, est un payement fictif : celui qui pres-

(1) Zach. Aubry et Rau, t. IV, p. 536, note 7.

crit une dette est semblable à celui qui la paie.. Dans les deux cas, la raison de décider est la même.

M. Troplong n'a pas de peine à triompher de Duperrier. Il fait observer d'abord que la distinction entre le cas où le mari est solvable et celui où il est insolvable, admise en matière de prescription des droits dotaux dans le Parlement de Provence, n'était généralement pas reçue dans les autres pays de droit écrit. Et, d'ailleurs, aujourd'hui le Code repousse évidemment une pareille distinction; il résulte des articles 1561, 1562 et 2254 du Code civil que la prescription des créances dotales est opposable à la femme dans tous les cas.

Ce raisonnement est exact et suffit pour faire écarter la doctrine de Duperrier; mais en quoi pourrait-il ébranler la nôtre?

« Si on peut payer au mari, on peut compenser avec lui », dit M. Troplong. Sans doute, la compensation est un paiement, mais c'est un paiement d'une nature particulière qui ne peut s'accomplir qu'au prix de certaines conditions, dont l'une est que les deux personnes entre lesquelles s'opère la compensation légale, soient débitrices l'une de l'autre. Or, cette condition, nous l'avons déjà dit, fait absolument défaut.

La doctrine de M. Troplong ne peut se soutenir qu'en admettant au profit du mari le domaine civil de la dot. Nous sommes étonné que dans sa longue dissertation, il ait oublié de faire valoir cet argument. La jurisprudence n'y a pas manqué. « Attendu, dit la cour de Caen, que ce n'est pas comme mandataire de sa femme que le mari a le droit de recevoir les deniers dotaux, mais en vertu *d'un titre qui lui est propre*, dont il est investi directement par la loi, et qui le constitue créancier personnel de ceux qui en sont débiteurs (1). » « Attendu, dit la cour de Grenoble, que la dot étant mobilière, le mari seul en était le *maître* pendant la durée du mariage; attendu que, suivant Roussilhe, ce qui est dû à la femme est vraiment dû au mari (2). » Certainement, si l'on admet que le mari est titulaire de la créance dotale, il faut se ranger à la doctrine de M. Troplong et de la jurisprudence. Car alors nous avons réellement deux personnes qui sont débitrices l'une de l'autre. Mais comme nous repoussons le domaine civil, la propriété du mari, nous sommes forcé de repousser également la compensation légale.

Le système de M. Trolong et de la jurisprudence, contraire selon nous aux véritables principes, peut entraîner d'ailleurs dans la pratique les inconvénients les plus sérieux. Supposez que la femme ait un patrimoine mobilier dont la plus grande partie repose sur des créances contre *Primus*, et que son mari soit personnellement débiteur de ce même *Primus* pour des sommes considérables. Par le seul fait de la célébration du mariage, les créances dotales s'éteignent par compensation, et si, à ce moment, le mari est insolvable, la femme, à son insu, peut-être, se trouvera dépouillée, sans retour; car, même la séparation de biens qu'elle demanderait immédiatement, serait impuissante à faire revivre les créances éteintes. Voilà donc le ménage réduit à la misère, et la femme qui avait compté sur le régime dotal pour mettre sa dot à l'abri de toute

(1) Caen, 18 juillet 1854. Sir., 56, 2, 180.
(2) Grenoble, 13 août 1823.

éventualité malheureuse, cruellement déçue dans ses espérances. Ainsi toute créance dotale due par une personne dont le mari est débiteur, se trouve d'avance soustraite pendant toute la durée du mariage à sa destination naturelle qui est de subvenir aux besoins de la famille. Il est impossible d'imaginer une situation plus contraire aux intérêts de la femme et à ces idées de protection et de garantie qui sont l'esprit même du régime dotal.

Au reste, nous concédons sans peine que les intérêts des créances dotales se compensent de plein droit avec les intérêts et même avec le capital des dettes du mari. Les intérêts de la dot, en effet, deviennent, au fur et à mesure de leur échéance, la propriété du mari. C'est lui qui est créancier des intérêts produits par les sommes dotales : nous avons, dès lors, deux personnes débitrices l'une de l'autre, et rien ne fait plus obstacle à la compensation légale.

Nous pensons aussi que le mari, poursuivi par son créancier *Primus*, pourrait lui opposer en compensation une créance de la femme. Cela ne contredit nullement notre système : car il ne s'agit pas ici d'une compensation légale, mais d'une compensation facultative. Le mari, en effet, pourrait exiger le payement de la créance dotale en sa qualité d'administrateur, pourquoi ne serait-il pas admis à se défendre contre la poursuite de *Primus* en invoquant contre lui ladite créance? Mais *Primus*, de son côté, ne pourrait pas faire valoir la compensation contre le mari ; car, ainsi que nous le verrons, la créance dotale est insaisissable, et puisqu'il ne peut la saisir directement, il est évident qu'il ne peut en faire une saisie indirecte, une saisie déguisée sous forme de compensation.

Actions en justice. — Le mari a le droit d'exercer toutes les actions relatives à la dot mobilière. Cela résulte de l'article 1549, qui se sert à peu près des expressions qu'employait Domat dans un passage déjà cité (1). Il est à peu près certain que le législateur avait ce passage sous les yeux quand il a fait l'article 1549. Il y a cependant une différence notable entre les deux rédactions. Domat disait simplement que « le mari peut agir en justice pour recouvrer le bien dotal contre les tierces personnes qui en sont les détenteurs ou les débiteurs. » Le code ajoute : « le mari a *seul*..... » Domat, en effet, faisait observer en note que la jurisprudence de l'Auvergne, son pays, ne suivait pas rigoureusement les lois romaines, en ce qu'elle permettait à la femme d'exercer les actions dotales à défaut du mari, et si le mari mettait la dot en péril. La doctrine de Domat n'était pas admise dans tous les pays de droit écrit, et Despeisses disait au contraire que l'exercice des actions dotales appartenait au mari à l'exclusion de la femme (2). Il semble bien que les rédacteurs du Code aient eu l'intention de modifier la doctrine de Domat, conformément à la doctrine des autres Parlements. En effet, l'article 1549 pris à la lettre, pris dans son sens grammatical, ne permet pas d'admettre le système suivant lequel on aurait voulu dire que le mari peut exercer les actions dotales *seul*, c'est-à-dire sans le concours de la femme, absolument comme dans l'article 1428.

(1) *Supra*, p. 66.

(2) Despeisses, 1re partie, *Des contrats*, tit. 15, sect. 2, n° 1.

Il a *seul* le droit de poursuivre n'a pas nécessairement le même sens que : il a le droit de poursuivre *seul*. La modification qu'on a faite subir au texte de Domat est surtout décisive. Elle prouve, ce nous semble, qu'en s'attachant rigoureusement à la lettre de la loi dans l'article 1549, on se conforme à son esprit.

La femme évidemment peut faire d'elle-même certains actes conservatoires, prendre par exemple une inscription hypothécaire, renouveler une inscription déjà prise. L'article 2139 ne permet pas de doute à cet égard. Mais serait-elle admise à poursuivre un débiteur avec l'autorisation de justice pour éviter une prescription imminente que le mari ne songerait pas ou se refuserait à interrompre? Nous ne le pensons pas, bien que M. Troplong ait soutenu l'opinion contraire (1). L'article 1549 est formel et ne distingue pas. La femme en pareil cas n'a d'autre ressource qu'une demande en séparation de biens, ou si cette mesure extrême lui répugne, elle attendra la dissolution du mariage pour user du recours que l'article 1562 lui donne contre le mari. Ce rôle passif, auquel nous condamnons la femme, est la conséquence de toutes les mesures exceptionnelles que la loi a édictées dans l'intérêt de la conservation de la dot. Pourquoi la femme viendrait-elle se mêler à l'administration? pourquoi prétendrait-elle agir? La loi veille sur elle et pour elle; ne participant pas à la responsabilité, elle ne doit point participer à l'action.

Aussi n'apporterons-nous aucune hésitation à résoudre une question délicate, cependant, celle de savoir si la

(1) Troplong, *Prescription*, tit. 2, n° 599.

femme agit valablement en justice avec l'autorisation du mari. Cette question est délicate, disons-nous, parce qu'il est bien sévère d'annuler une procédure qui serait commencée dans ces conditions. Néanmoins l'article 1549 nous paraît commander cette solution rigoureuse. En vain dirait-on avec M. Dalloz : « L'unique but de la loi, en investissant le mari seul du droit de poursuite, a été de procurer au mari une plus libre administration de la dot; on ne voit pas en quoi le concours de la femme pourrait modifier l'autorité du jugement à intervenir; les droits des tiers n'en sont pas plus compromis que ceux du mari. Comme le mari plaide véritablement en son nom, tout en autorisant sa femme, ce n'est pas le cas d'opposer l'ancienne maxime : « Nul ne plaide par procureur; » mais plutôt d'invoquer cet autre adage : « *Utile per inutile non vitiatur* (1). » Ces considérations ne manquent peut-être pas de valeur, mais elle n'ont certainement pas inspiré le législateur. Dans l'hypothèse que nous examinons, la femme autorisée du mari, plaide *en son nom propre;* or, cela est contraire à l'article 1549. On objecte que le mari pourrait donner mandat à la femme de poursuivre les débiteurs de la dot, et qu'on doit voir une véritable procuration dans l'autorisation qu'il donne à sa femme (2). Oui, sans doute la femme aurait capacité d'exercer les actions dotales en vertu d'un mandat émané du mari (art. 1990) ; mais nous refusons de voir un mandat de poursuivre dans la simple autorisation maritale. Car encore une fois, dans l'hypothèse proposée, la femme autorisée agit en son *nom*

(1) Dalloz, *Répert.*, V° Contrat de mariage, n° 3316

(2) Toullier, t° 14, n° 141.

propre, et en procédure le mandataire ne peut agir en son nom : on ne plaide pas par procureur (1).

Enfin, on a essayé de tirer contre notre doctrine un argument de l'article 83, n° 6 (code procédure civile). Cet article cite parmi les causes qui doivent être communiquées au ministère public, celles des femmes non autorisées par leur mari, ou même autorisées, lorsqu'il s'agit de leur dot, et qu'elles sont mariées sous le régime dotal. Cet article, dit-on, est inconciliable avec la doctrine qui refuse à la femme, sous le régime dotal, le droit d'agir en justice avec l'autorisation du mari ou même de justice, car si cette doctrine est vraie, l'article 83 n° 6 n'a pas d'application. Cette objection, nous l'avouons, serait de nature à ruiner notre système, s'il était impossible de trouver des cas où la femme, même sous le régime dotal, exerce elle-même les actions qui, en principe, appartiennent au mari seul. Mais supposez, par exemple, la séparation de biens prononcée : le régime dotal subsiste encore, et cependant la femme a repris le libre exercice des actions dotales (art. 1560). L'article 83 du code de procédure n'est donc pas une lettre morte. Allons plus loin, sans supposer la séparation de biens, il n'est pas impossible d'imaginer des situations dans lesquelles la femme figure elle-même en justice. Ainsi, en cas de saisie d'un im-

(1) En ce sens : Duranton, t° XV, no 402. — Benoît, t° I, n° 106. — Odier, t° III, n° 1177. — Marcadé, sur l'art. 1549, n° 2, Montpellier, 27 mai 1807, Sir., 7, 2, 916. — Limoges, 4 février 1822, Sir., 22, 2, 247. — Bordeaux, 27 juillet 1857, Sir., 58, 2, 65. — Grenoble, 23 avril 1858, Sir., 58, 2, 297.

En sens contraire : Toullier, t° XXIV, n° 141. — Taulier, t° 5, n° 261. — Bellot des Minières, t° IV, n° 65. — Rodière et Pont, t° II, n° 481. — Tessier, t° II, n 835.

meuble dotal, les poursuites doivent être dirigées à la fois contre le mari et la femme (art. 2208). Ainsi, en cas d'expropriation forcée pour cause d'utilité publique, si la femme assistée de son mari n'acccepte pas les offres de l'administration, l'instance en réglement de l'indemnité doit être introduite contre les deux époux. Cela résulte des articles 13, 25 et 28 de la loi du 23 mai 1841. Enfin le mari, d'après l'article 818, a besoin du concours de sa femme pour intenter une action en partage des biens dotaux (1).

Ce dernier point est l'objet d'une controverse fort connue. Quelques auteurs, et en tête M. Troplong (2), soutiennent que le mari peut provoquer le partage des biens dotaux, sans le concours de sa femme. Voici leur raisonnement : l'article 818 ne concerne que le régime de la communauté ; car, à l'époque où il a été rédigé, le régime dotal, dans la pensée du législateur, ne devait pas trouver place dans le code civil. C'est donc l'article 1549 qu'il faut appliquer, et cet article accorde au mari seul l'exercice de toutes les actions quelles qu'elles soient. D'ailleurs, cette doctrine est parfaitement conforme à l'esprit général de la loi, qui a toujours traité différemment le mari administrateur des propres de la femme, et le mari administrateur des biens dotaux. L'article 1428 notamment ne permet pas au mari d'exercer seul et sans le concours de la femme, les actions immobilières pétitoires, tandis que l'article 1549 lui reconnaît ce pouvoir.

Il est facile de répondre à tous ces arguments. Que le

(1) M. Bufnoir, à son cours, 1867-1868.
(2) Troplong, t° IV, n° 3108 et suiv.

législateur n'eût pas l'intention d'introduire le régime dotal dans le Code, lors de la rédaction de l'article 818, c'est probable, sinon certain. Au reste, peu importe. Ce qu'il y a de sûr, c'est que, dans sa pensée, l'article 818 était fait en vue de tous les régimes nuptiaux, de ceux qui seraient prévus dans le Code et de ceux qui pourraient imaginer les conventions des parties. En un mot, le législateur, en distinguant les objets qui tombent dans la communauté de ceux qui n'y tombent pas, ne s'est nullement préoccupé de la cause, en vertu de laquelle tels ou tels objets sont exclus de la communauté. Il suffit qu'ils en soient exclus pour que le partage n'en puisse pas être provoqué par le mari sans le concours de la femme. Or la constitution de dot ne fait certainement pas tomber les biens en communauté.

Sans doute l'article 1549 donne au mari l'exercice de toutes les actions relatives à la dot. En supposant même que l'article 1549 embrasse l'action en partage, cet article forme la règle générale, dont l'article 818 est l'exception : or, *speciala generalibus derogant.*

Mais il n'est pas certain que l'article 1549, malgré sa rédaction si large, comprenne l'action en partage. C'est là une action toute particulière, qui n'a jamais été confondue avec les autres actions réelles ou personnelles. Ainsi, en droit romain, le mari pouvait revendiquer l'immeuble dotal, tandis qu'il ne pouvait provoquer un partage de sa seule autorité. De même aujourd'hui le tuteur a le droit d'exercer les actions mobilières du mineur, sans l'autorisation du conseil de famille, et cependant, il ne saurait, sans cette même autorisation, intenter une action en partage d'une succession simplement mobilière. Le mari lui-même ne pourrait, sans le consentement de sa femme, provoquer le partage d'une succession mobilière, lorsque, par suite d'une convention, les meubles compris dans cette succession sont exclus de la communauté, et cependant l'article 1428 lui concède formellement et sans restriction l'exercice de *toutes* les actions mobilières.

La doctrine que nous soutenons est donc la seule qui soit conforme aux principes; elle est aussi conforme à la raison. Si on a permis au mari d'intenter seul les actions ordinaires, c'est qu'alors l'intérêt des deux époux est également en jeu. Dans une action en revendication, par exemple, le mari, aussi bien que la femme, est intéressé au triomphe de la cause; car si l'une a la propriété de l'objet litigieux, l'autre en a la jouissance. Il en est autrement de l'action en partage : la présence de la femme en cette circonstance est une mesure dictée par la prévoyance et la sagesse; car alors les intérêts des deux époux peuvent se trouver en lutte; le mari, par exemple, pourrait préférer des valeurs mobilières qui deviendraient sa propriété, à des immeubles dont la disposition lui échapperait et dont l'administration est plus difficile. La femme, au contraire, préférerait des immeubles, parce que ce sont des biens dont l'assiette est plus solide et la conservation plus sûre. En pareil cas, une collusion entre le mari et les héritiers serait à craindre : la présence de la femme la déjouera.

Le mari ne peut donc procéder seul à un partage judiciaire. A plus forte raison ne pourrait-il procéder seul, et sans le concours de la femme, à un partage à l'amiable qui offre moins de garanties.

Mais cette dernière décision est subordonnée à la question de savoir si le partage à l'amiable des meubles dotaux est permis sous le régime dotal, ou bien si l'intervention de la justice est nécessaire. Il nous paraît plus conforme à la loi de soutenir que le partage à l'amiable est possible pendant le mariage. L'article 838 qui énumère les cohéritiers qui doivent nécessairement partager en justice ne mentionne pas les femmes mariées. De son côté le code de procédure ne contredit pas le code civil (art. 985, cod. proc.). Et ce système est très-raisonnable, car il n'est pas bon de trop multiplier les frais. Dans le midi où le régime dotal est universellement pratiqué, la nécessité de recourir à un partage judiciaire serait extrêmement fâcheuse. Car, ainsi qu'on l'a dit, « la durée indéfinie des mariages ne laisse pas aux familles la ressource d'attendre, comme en cas de minorité, la cessation de l'obstacle qui s'oppose au partage à l'amiable (1). »

Les jugements rendus pour ou contre le mari, dans les procès relatifs aux biens dotaux, peuvent être invoqués par ou contre la femme, absolument comme si elle avait figuré dans l'instance. — S'il y a eu collusion entre le mari et l'autre partie, la femme a la ressource de la tierce-opposition pour faire tomber le jugement rendu en fraude de ses droits.

Des obligations du mari administrateur. — Le mari doit veiller à la conservation et à l'entretien de la dot mobilière de sa femme. De là, la disposition de l'article 1562 *in fine.*

(1) M. Demolombe, t° XV, n° 606.

S'il a laissé prescrire une créance dotale, il est responsable de cette prescription, à moins toutefois qu'elle ne se soit accomplie à une époque tellement rapprochée de la célébration du mariage, qu'il ne lui ait pas été possible d'en arrêter le cours. « Planè si paucissimi dies ad « perficiendam longe temporis possessionem superfue« runt, nihil erit quod imputabitur marito. » (L. 16, dig. *De fundo dotali.*)

Lorsqu'il a négligé de demander à l'échéance le paiement de la dot ou d'une créance fesant partie de la dot, il est responsable de l'insolvabilité éventuelle du débiteur. La cour d'Aix a même jugé que la femme ne peut être soumise à courir les chances d'une cession que le mari s'est tardivement fait consentir par le débiteur de la dot, alors surtout que cette cession paraît sans consistance (1).

Enfin il doit faire emploi des capitaux dotaux, dans les termes du contrat de mariage. Il n'est garant de l'insuffisance de l'emploi, qu'autant qu'il est établi que cette insuffisance provient de sa faute et de son imprudence, et non de toute autre cause (2).

En un mot il est tenu de toutes les détériorations survenues aux meubles dotaux, par suite de sa négligence. Nous pensons que ses fautes doivent être appréciées *in abstracto*, parce que le contrat de constitution de dot est formé dans l'intérêt des deux époux.

(1) Aix, 24 août 1829, Sir., 29, 2, 295.
(2) *Req.*, 2 août 1853, Sir., 55, 1, 210.

SECTION III.

Le mari considéré comme jouissant des meubles dotaux.

Le mari a non-seulement l'administration des meubles dotaux, mais il en a aussi la jouissance. Cette jouissance ressemble beaucoup à l'usufruit ordinaire, mais elle s'en distingue sous plusieurs rapports. Elle emprunte une physionomie particulière à la situation du mari chargé de pourvoir à l'entretien de la famille avec les revenus de la dot. Aussi, pour déterminer l'étendue de cette jouissance, nous appliquerons tantôt les règles ordinaires de l'usufruit, tantôt les règles exceptionnelles que nécessitera l'application des principes du régime dotal.

La jouissance du mari commence au jour de la célébration du mariage.

A partir de cette époque, il percevra les fruits naturels et civils de la dot mobilière (art. 585 et 586).

Si la dot comprend des choses qui, sans se consommer de suite, se détériorent peu à peu par l'usage, il s'en servira pour l'usage auquel elles sont destinées (art. 589).

Il percevra les arrérages des rentes viagères ou perpétuelles (art. 588).

Par application de l'article 598, nous lui refuserons tout droit au trésor découvert par un tiers dans un meuble dotal.

Le mari peut avoir perçu des fruits ou touché des intérêts avant la célébration du mariage. Les gardera-t-il pour en jouir, ou bien devra-t-il les rendre à sa femme? Il les gardera, si d'après les conventions matrimoniales, ils constituent des biens dotaux ; il sera tenu de les restituer à sa femme, s'ils constituent des paraphernaux.

Jusqu'à présent nous avons suivi les règles de l'usufruit, mais voici des règles propres à la jouissance du mari.

L'article 585 accorde à l'usufruitier les fruits qui ne sont pas perçus au moment de l'ouverture de l'usufruit, sans l'astreindre au payement des frais qui auraient été faits par le nu-propriétaire. Le mari également perçoit les récoltes qui sont sur pied à l'époque de la célébration du mariage, par exemple le miel des ruches, le cocon des vers à soie, sans être tenu de rembourser les dépenses faites auparavant. Car ces dépenses elles-mêmes font partie de la dot, et obliger le mari à les rembourser pendant le mariage, ce serait l'obliger à donner d'une main et à reprendre de l'autre. Mais voici la différence : tandis que l'usufruitier ordinaire n'a pas à rendre compte à la fin de l'usufruit des dépenses en question, le mari en est comptable envers sa femme, lors de la restitution de la dot. Cette différence se rattache à la prohibition des donations entre époux : le législateur avant tout veut empêcher les avantages indirects qu'ils pourraient se faire pendant le mariage.

L'article 1571 est encore une dérogation à l'article 585. A la dissolution du mariage, les fruits se partagent entre le mari, la femme ou leurs héritiers, proportionnellement à la durée du mariage pendant la dernière année. Sans doute, l'article 1545 ne parle que des fruits de l'immeuble dotal. Mais l'esprit qui a présidé à la rédaction de cet article, la volonté du législateur de proportionner la jouissance du mari aux charges du ménage, nous commandent d'étendre cette règle aux fruits des meubles dotaux. L'entretien des ruches et des vers à soie, par exemple, ne constitue-t-il pas une charge analogue à la culture d'une vigne ou au labour d'un champ?

Devons-nous appliquer au mari l'article 595? D'après cet article, l'usufruitier peut jouir par lui-même, donner à ferme à un autre, et même vendre ou céder son droit à titre gratuit.

Evidemment, le mari peut jouir par lui-même des meubles dotaux. Mais devons-nous lui reconnaître le droit de les louer? Cette question est plus délicate qu'elle ne paraît au premier abord. Car l'article 595, par les expressions dont il se sert, par la place qu'il occupe, vise seulement les immeubles. Il n'y est question, en effet, que de baux à ferme, ce qui ne peut s'entendre des meubles ; et de plus, l'article 595 se trouve au milieu d'une série d'articles qui ne parlent que des immeubles. Enfin, l'article 589, fait spécialement pour les meubles non fongibles, les seuls dont nous nous occupons ici, dit que l'usufruitier a le droit de *se servir* de ces objets. Cette expression semble indiquer nettement un usage personnel.

Défendrons-nous donc au mari de louer les meubles dotaux, quels qu'ils soient? Une pareille solution, bien qu'elle paraisse conforme au texte, serait repoussée par la raison et le bon sens, au moins dans ses termes absolus; car bien souvent il sera impossible au mari de jouir directement et par lui-même de certains objets mobiliers. Je suppose, en effet, que la dot comprenne un navire, un établissement de bains ou un lavoir flottant sur une rivière.

voilà certes des meubles importants, source de revenus considérables ; et, cependant, il n'est pas difficile de comprendre que le mari sera presque toujours dans l'impossibilité de gérer lui-même le navire, le lavoir et les bains. La nécessité nous oblige donc à reconnaître au mari le droit de louer quelquefois les meubles dotaux.

La reconnaissance de ce droit si conforme à la raison et aux intérêts des époux peut d'ailleurs trouver sa justification, et c'est l'article 589 qui nous la fournit. D'après cet article, celui qui a l'usufruit de choses qui ne se consomment pas *primo usu*, a le droit de s'en servir pour l'usage auquel elles sont destinées. La question sera donc celle-ci : quels sont les meubles qui, d'après leur destination particulière, naturelle, ne sont pas susceptibles d'être loués ? Or, si certains objets mobiliers, comme le linge de corps de la femme, ne peuvent être loués, il en est autrement des navires, des établissements de bains, des livres d'un cabinet de lecture, etc. Au reste, l'article 578 qui caractérise de la manière la plus générale le droit de l'usufruitier, nous dit : « Qu'il jouit, comme le ferait le propriétaire lui-même » c'est-à-dire en bon administrateur, en bon père de famille. Or, la location de certains meubles peut être, comme nous l'avons montré, un acte de très-bonne administration.

Voilà de quelle manière nous comprenons le droit du mari de louer les meubles dotaux ; voilà sur quel fondement juridique nous appuyons ce droit.

Nous devons observer encore que la règle posée à la fin de l'article 595, sur la durée de la location, ne concerne que les baux d'immeubles. Par conséquent, nous n'appliquerons pas à la location des meubles dotaux consentie par le mari seul, les articles 1429 et 1430. Les considérations d'intérêt public et privé sur lesquelles sont fondés ces articles ne regardent pas cette nature de bien. Par conséquent, la location des meubles dotaux prendra fin avec la jouissance du mari, par application de la règle : *Soluto jure dantis, solvitur jus accipientis.*

Nous n'avons pas encore fini avec l'article 595. Ce texte accorde à l'usufruitier le pouvoir de céder son droit lui-même, à titre onéreux ou gratuit. Un tel pouvoir n'appartient pas au mari ; car la jouissance des biens dotaux lui a été dévolue moins dans son intérêt personnel qu'en sa qualité de chef de l'association conjugale, et pour lui donner les moyens de subvenir à l'entretien de la femme et des enfants, ainsi qu'aux frais du ménage. Les meubles de la femme, en un mot, ne sont pas grevés d'un véritable droit réel, susceptible de cession, d'hypothèque ou de saisie.

Nous n'appliquerons pas au mari l'article 599. S'il a amélioré la dot de sa femme, si par des dépenses personnelles il en a augmenté la valeur, à la différence de l'usufruitier ordinaire, il aura droit de demander une indemnité pour cette plus-value. Cette différence se conçoit fort bien : l'usufruitier n'a pas droit à indemnité pour les dépenses d'amélioration, parce qu'il n'est pas tenu de les faire. S'il les fait, c'est de son plein gré, et parce qu'il a l'espoir d'en être récompensé par une augmentation de revenus dont il aura seul le bénéfice. La situation du mari est autre. Il ne jouit pas de la dot dans son intérêt exclusif, mais aussi dans l'intérêt de sa femme et de ses enfants.

De plus il est administrateur, et en cette qualité il a, non pas la faculté, mais le devoir de faire les amélioration qu'il juge utiles. Il est donc juste qu'il soit indemnisé jusqu'à concurrence de la plus-value qu'elles ont procurée.

Nous avons à examiner une dernière question relativement à la jouissance du mari. A-t-il le droit de percevoir les produits de l'industrie personnelle à sa femme, comme il a celui de percevoir les revenus des biens dotaux? Pour résoudre cette question, il faut d'abord se demander si les produits de l'industrie de la femme constituent des fruits ou des capitaux. Notre opinion est que le législateur français envisage ces produits comme des capitaux et non comme des fruits. Nous en trouvons la preuve dans l'article 1498 du Code civil. Ce texte, examinant quels sont les biens attribués à la communauté d'acquêts, cite : 1° les bénéfices provenant de l'industrie des époux ; 2° les fruits et revenus de leurs biens. Puisque le législateur distingue si nettement ces deux choses, c'est qu'à ses yeux elles ont un caractère différent. Et si les produits de l'industrie ne sont pas des fruits, ils constituent nécessairement des capitaux. — Vainement objecte-t-on que l'industrie de la femme est un bien, un capital : cela peut être vrai en économie politique. Mais ici nous n'avons pas à nous préoccuper du langage des économistes, mais du langage du droit. Or, nous sommes persuadé que le législateur n'a jamais considéré le talent, les qualités intellectuelles d'un individu comme des biens d'une certaine nature, ayant leur place à côté des meubles et des immeubles.

Par conséquent, si la femme mariée sous le régime dotal est artiste dramatique, auteur, peintre, ou bien marchande publique, les bénéfices qu'elle retire de son talent ou de son industrie sont des capitaux.

Et maintenant il est facile de résoudre la question de savoir si le mari en a la jouissance. La constitution de dot est-elle spéciale, il n'en jouit pas; est-elle au contraire générale, embrassant les biens présents et à venir, il en jouit à titre de biens dotaux.

Cette décision si simple, si claire à notre avis, a cependant trouvé un contradicteur dans M. Demolombe. M. Demolombe enseigne comme nous que les produits de l'industrie personnelle à la femme sont des capitaux; mais il ajoute, et c'est là l'erreur, qu'ils sont paraphernaux, alors même que la constitution de dot comprend les biens présents et à venir. Pourquoi ces capitaux doivent-ils rester paraphernaux? Parce que, dit le célèbre auteur, l'industrie de la femme est paraphernale. Nous concédons que l'industrie de la femme soit paraphernale, tout en faisant remarquer qu'il vaudrait mieux s'abstenir d'une pareille qualification, attendu que l'esprit du Code répugne à voir un bien distinct, spécial, dans le talent ou l'industrie d'une personne. Mais au moins faut-il reconnaître que les capitaux obtenus par cette industrie, que M. Demolombe appelle paraphernale, sont des *biens à venir*, des biens *dotaux* par conséquent; et comme tels, le mari doit en avoir la jouissance (1).

Obligations dérivant de la jouissance du mari. — Le mari, en règle générale, est tenu de toutes les obligations de l'usufruitier. (Art. 1512.)

(1) M. Bufnoir, à son cours, année 1867-1868.

Ainsi il devra, en entrant en jouissance, dresser un inventaire des meubles. A défaut d'inventaire, la femme ou ses héritiers seront admis à prouver la consistance et la valeur du mobilier dotal par tous les moyens possibles, par titres, par témoins, par présomptions, et même par commune renommée. (Art. 1340, 1353, 1415, 1504, 1442.)

Le mari est tenu de faire les réparations d'entretien, de supporter les charges annuelles qui pèsent sur la dot, par exemple les contributions. Il est tenu, en un mot, de toutes les obligations qui incombent généralement à l'usufruitier.

Par exception, il n'a pas à fournir caution pour la réception de la dot, s'il n'y a pas été assujetti par le contrat de mariage (art. 1550).

SECTION IV

Des droits de la femme sur les meubles dotaux.

Nous avons vu que la femme, en règle générale, conserve la propriété des meubles dotaux. Les conséquences de ce droit de propriété sont dignes d'être mentionnées.

1° La femme supporte la perte et la détérioration des meubles dotaux, toutes les fois qu'elles ne peuvent être imputées à la négligence ou à la faute du mari.

2° Le capital des créances dont le mari se trouve personnellement débiteur ne se compense pas de plein droit avec le capital des créances dotales.

3° Les créanciers du mari ne peuvent saisir les meubles dotaux corporels ou incorporels. Cette décision est contredite par M. Troplong (1). L'éminent auteur s'appuie sur

(1) Troplong, nos 3243-3246.

le passage suivant de Catelan : « Le mari étant le maître absolu des obligations qui lui ont été constituées en dot, et pouvant les nover et en retirer paiement, il s'ensuit que tandis que ces obligations appartiennent au mari, ses créanciers peuvent saisir et arrêter les sommes dotales entre les mains des débiteurs (1). » Certes, M. Troplong, qui accorde au mari un certain droit de propriété sur les biens dotaux, est conséquent avec lui-même, en autorisant la saisie pratiquée par les créanciers du mari sur ces mêmes biens. Mais on reconnaîtra que nous ne sommes pas moins logique en déclarant nulle une pareille saisie, nous qui maintenons entière la propriété de la femme sur la dot. De même que M. Troplong, et à meilleur titre, nous pouvons invoquer l'autorité de l'ancien droit; à Catelan nous opposons Despeisses : « Lorsque les biens meubles de la femme, qu'elle a apportés en dot, ont été saisis pour les dettes de son mari, en faisant voir que lesdits meubles lui appartiennent et lui ont été reconnus, elle peut faire casser cette saisie, comme il a été jugé par arrêt de la Cour des aides de Montpellier, le 16 décembre 1617 (2). »

Néanmoins, nous pensons comme M. Troplong (3), que les meubles dotaux garnissant une maison louée par le mari peuvent être saisis par le propriétaire qui n'est pas payé de ses loyers. Nous mettons-nous en contradiction avec nous-même ? Nullement. Si le propriétaire de la maison louée peut saisir les meubles dotaux qui la garnissent,

(1) Catelan, *Arrêts remarq. du parlement de Toulouse*, liv. IV, c. 47.

(2) Despeisses, *De la dot*, sect. 2, n° 34. — Voir aussi les autorités citées à la page 65.

(3) Troplong, n° 3246, *Contrat de mariage*.

cela tient au privilége dont il jouit en vertu de l'article 2102, privilége qui, ne recevant de la loi aucune limitation, s'étend à tous les meubles sans distinction. Le bailleur ayant sur eux une sorte de droit de gage ou de nantissement, peut invoquer la maxime : en fait de meubles, possession vaut titre. Il faut cependant qu'il soit de bonne foi, c'est-à-dire qu'il ignore la dotalité des meubles apportés dans la maison louée : sinon, l'article 2279 ne serait plus applicable (1).

4° Le mari ne peut renoncer aux droits de la femme sur des biens dotaux, et notamment à une succession qui lui est échue.

SECTION V

Des cas où par exception le mari est propriétaire des meubles dotaux.

Les meubles dotaux ne sont pas toujours la propriété de la femme. Quelquefois, ils entrent dans le patrimoine du mari. C'est ainsi que, d'après l'article 1551, « si la dot ou partie de la dot consiste en objets mobiliers mis à prix par le contrat, sans déclaration que l'estimation n'en fait pas vente, le mari en devient propriétaire, et n'est débiteur que du prix donné au mobilier. »

Le mari est donc le maître absolu du mobilier estimé. Il peut sans conteste l'aliéner, transiger à son sujet, compromettre, se comporter en un mot comme tout propriétaire. Les risques sont à sa charge : si la dot augmente de valeur, il profite de cette augmentation, si elle s'amoindrit ou se perd en totalité, il supporte la diminution ou la perte. Quoiqu'il arrive, il reste toujours débiteur du prix fixé dans l'estimation.

(1) Cass. Ch. civile, 4 août 1856, Sir., 57, 1, 216.

L'article 1550 employant une expression romaine, dit que l'estimation fait vente. Doit-on en conclure que le mari et la femme soient véritablement dans les rapports d'acheteur à vendeur ? Et d'abord, en cas d'éviction, y aura-t-il lieu à garantie ? Nous croyons que *toutes* les règles sur la garantie doivent être appliquées, malgré l'opinion contraire de Domat qui interprétait mal la loi 16 *de Jure dotium*.

D'après Domat, le mari exerçant, pendant le mariage, l'action *ex empto* pour se faire indemniser de l'éviction qu'il a subie, ne pourrait demander à la femme que la restitution du prix, alors même que le dommage causé par l'éviction serait supérieur au prix fixé dans la constitution de dot. C'est une mauvaise interprétation de la loi romaine ; car la loi 16 reconnaît au mari le droit de répéter contre la femme, par l'action *ex empto*, l'équivalent du dommage éprouvé et même le double du prix, si cela avait été stipulé. Seulement, à la dissolution du mariage, le mari ne devra pas se contenter de rendre à la femme le montant de l'estimation, mais tout ce qu'il aura obtenu au moyen de l'action *ex empto*; car ce n'est pas une vente ordinaire qui a été passée, mais une vente toute particulière qui est intervenue *dotes causâ*, et où la spéculation n'avait aucune part.

Nous devons encore aujourd'hui nous référer à cette doctrine, et appliquer en cas d'éviction d'un bien dotal les articles 1626 et suivants, si l'éviction porte sur un meuble corporel, et 1693 et suivants, si l'éviction porte sur une créance.

Une question plus délicate, c'est celle de savoir si l'on

doit accorder à la femme le privilége du vendeur sur les meubles apportés en dot avec estimation, lorsqu'à l'époque de la restitution de la dot, ces meubles se trouvent encore en la possession du mari. La cour de Montpellier n'a pas hésité à accorder ce privilége « attendu, dit-elle, qu'il est évident que, d'après les dispositions de l'article 1551, une constitution en dot de mobilier faite avec estimation attribue à la femme la qualité de venderesse et au mari la qualité d'acquéreur — que ledit article reproduit le principe du droit romain *summæ veluti pretii debitor efficitur* ; — qu'il est si vrai que, lorsque l'estimation transporte la propriété au mari, celui-ci devient un véritable acquéreur, que la doctrine et la jurisprudence lui accordent lorsqu'il s'agit d'un immeuble, l'action en rescision pour lésion de plus de sept douzièmes ; — que cependant l'article 1552 relatif aux immeubles constitués en dot, reproduit d'une manière moins explicite que l'article 1550 le principe admis par le droit romain ; — que si le mari recevant la dot a tous les droits attachés à la qualité d'acquéreur, la femme qui la constitue doit avoir tous ceux attachés à celle de vendeur, et notamment le privilége de l'article 2102 Cod. civ.

On a objecté à cette doctrine qu'en admettant même que la femme soit venderesse, il s'est produit par la force des choses, une novation dans sa créance. La femme a vendu, puis elle a constitué en dot le montant de l'estimation. Lorsqu'elle se présente à la dissolution du mariage, elle ne poursuit pas le payement de sa créance de venderesse, mais la restitution de sa dot : c'est comme si elle eût touché le prix et qu'elle l'eût immédiatement rendu au mari, pour qu'il lui tint lieu de dot. « L'action de la femme en un mot n'est pas l'action *venditi* qui est privilégiée, c'est l'action *rei uxoriæ* qui ne l'est pas (1). »

La Cour de Montpellier répond : « Vainement on objecte que c'est en vertu de la constitution de dot et non en vertu d'une vente que le mari est devenu propriétaire des meubles et effets mobiliers. Il ne faut pas confondre deux choses essentiellement distinctes : 1° la constitution de dot qui a pour objet de fixer et déterminer l'apport de la femme, et 2° l'estimation de cet apport qui a pour effet de rendre le mari propriétaire. Or, c'est cette estimation qui est distincte de la constitution de dot, d'où résulte la vente (2). »

Les motifs invoqués par la Cour de Montpellier ne nous paraissent pas concluants. Elle s'appuie d'abord sur ce que la doctrine et la jurisprudence, en accordant à la femme (3) l'action en rescission pour lésion de plus de sept douzièmes, la traitent comme une venderesse. Cet argument n'est nullement probant, puisqu'il repose sur une question controversée, que nous ne sommes pas disposé pour notre compte à résoudre dans le même sens que la Cour de Montpellier. La raison la plus spécieuse invoquée par cette Cour, c'est qu'il ne faut pas confondre deux choses différentes : la constitution de dot d'une part, de l'autre l'estimation d'où résulte la vente. Certainement, nous croyons, nous aussi, qu'il faut distinguer ces deux choses : mais là,

(1) M. Bufnoir, à son cours, année 1867-1868.

(2) Montpellier, 26 juin 1848, Dall., 48, 2, 173.

(3) La Cour semble l'accorder *au mari* : dans ce cas, ce serait une erreur involontaire.

selon nous, n'est pas la question. Il s'agit de savoir, non pas s'il y a eu, à la fois, constitution de dot et vente née de l'estimation ; mais si la femme, agissant en restitution, se sert de l'action *venditi* ou de l'action *rei uxoriæ*. Voilà le nœud de la difficulté. Eh bien ! il ne nous paraît pas douteux que la femme agit par l'action de dot. Que s'est-il passé, en effet ? La femme a vendu au mari l'objet qu'elle se proposait d'apporter en dot ; le mari est censé en avoir payé le prix à la femme, laquelle l'a rendu immédiatement au mari pour qu'il lui tint lieu de dot. Voilà l'analyse exacte des faits contenus dans l'apport accompagné d'une estimation. Mais si ces faits sont exacts, et c'est notre conviction, la femme a épuisé les droits qu'elle tenait de la vente : elle a reçu le prix. Elle ne peut donc plus prétendre intenter une action privilégiée tendant au recouvrement de ce prix. Elle n'a qu'une somme dotale à réclamer, elle n'a, en un mot, que l'action *rei uxoriæ*. Ah ! sans doute, pendant le mariage, le mari peut avoir l'occasion d'invoquer des droits issus de la vente. S'il est évincé par exemple, de l'objet estimé, il agira en garantie. Cela est vrai ; mais c'est qu'il n'a pas, comme la femme, épuisé tous les droits qui découlent pour lui de la vente contenue dans l'estimation ; il a payé le prix, et il est évincé: la garantie lui est due. Par conséquent, l'argument de la Cour de Montpellier, consistant à dire que le mari, étant traité comme un acheteur, la femme doit, par une corrélation nécessaire, être traitée comme un vendeur, est un argument sans valeur; car, nous venons de le voir, il peut arriver que le mari ait le droit de se présenter comme acquéreur, et que la femme n'ait pas celui de se présenter comme venderesse.

Et c'est bien ainsi que les choses se passaient à Rome. La loi 16 *de jure dot. Dig.* en est la preuve : pendant le mariage, le mari est évincé, et il agit en garantie contre la femme, soit par l'action *ex empto*, soit par l'action *ex stipulata duplæ*.... Et la femme, quand elle demande la restitution, quelle action emploie-t-elle? L'action *de dote*..... *dotis actione, soluto matrimonio, ei (mulieri) prestare opportet.*

Nous ajouterons une dernière considération : c'est que la femme a une garantie qui manque au vendeur ordinaire : c'est l'hypothèque légale. Le législateur, avec raison, n'a pas voulu conserver en faveur de la femme le cumul exorbitant de l'hypothèque et du privilége. (art. 1572).

CHAPITRE II

DE L'INALIÉNABILITÉ DE LA DOT MOBILIÈRE

La dot mobilière est-elle aliénable, ou non? c'est la question capitale de notre matière. son importance doctrinale est égale à son importance pratique. D'une part, l'inaliénabilité qui est le trait saillant du régime dotal, apparaît comme une dérogation aux règles ordinaires du droit, comme une restriction grave aux pouvoirs du propriétaire. D'autre part, les intérêts engagés dans la question sont considérables. La richesse mobilière a pris un développement immense, et l'on peut dire qu'elle est devenue de nos jours, sinon l'élément unique, du moins l'élément principal dont se composent les dots. Déclarer la dot mobilière absolument aliénable, c'est donc en réalité priver la femme dotale des garanties protectrices dont le législateur a voulu l'entourer en organisant pour elle un régime exceptionnel ; c'est en quelque sorte prononcer la déchéance du régime dotal. Ce fait est si éclatant qu'il est impossible de ne pas l'apercevoir. La jurisprudence surtout en a paru vivement impressionnée : moins soucieuse que les auteurs de l'interprétation littérale de la loi, moins absorbée par l'étude des textes, elle subit plus volontiers la puissance des faits. C'est ce qu'a fort bien distingué le savant économiste Rossi. « Qui ne sait, dit-il, que la jurisprudence lutte péniblement contre le texte de la loi pour appliquer le principe de l'inaliénabilité du fonds dotal, même à la dot mobilière?... les tribunaux placés en présence des applications et de leurs conséquences éprouvent, bon gré, mal gré, l'influence du fait économique qui caractérise notre époque, je veux dire l'accroissement de jour en jour plus considérable de la richesse mobilière. Ils ne peuvent concevoir que la garantie de l'inaliénabilité accordée à la femme qui apporte en dot une cabane et un arpent de bruyère, puisse être refusée à celle qui possède cent mille livres de rente en capitaux mobiliers (1). »

D'un autre côté, étendre l'inaliénabilité du fonds dotal à la dot mobilière, c'est aggraver singulièrement les conséquences d'un principe déjà bien rigoureux, c'est porter une entrave funeste à la circulation des capitaux, et pa-

(1) *Revue de législation et de jurisprudence*, t. XI.

ralyser ainsi le développement du commerce et de l'industrie.

La question est donc d'une haute gravité. Et cependant le législateur de 1804 ne s'en est pas préoccupé, on peut même affirmer qu'il ne l'a pas entrevue ! Ce qui est certain, c'est qu'on ne trouve dans le code aucun article qui la résolve directement.

Aussi les auteurs sont-ils loin de s'entendre. De son côté la jurisprudence en est arrivée, non sans beaucoup d'hésitations, à formuler un système particulier. De tous les écrits publiés sur cette question, de toutes les décisions rendues par les tribunaux, il est aisé de dégager trois systèmes principaux : le système de l'inaliénabilité absolue, le système de l'aliénabilité, et le système de la jurisprudence. Pour mettre un peu d'ordre et de clarté dans l'exposition d'un sujet aussi vaste et aussi ardu, nous croyons bien faire, en présentant d'abord, dégagée de toute discussion, l'analyse des trois systèmes. Puis, quand nous les aurons tous sous les yeux, il nous sera plus facile de les apprécier et de les juger.

Avant d'entrer dans l'examen des trois systèmes, nous devons signaler quelques points sur lesquels tous se rencontrent. Ainsi, quand la dot comprend des meubles fongibles, il n'est personne qui prétende mettre obstacle au droit de libre disposition qui appartient au mari, devenu propriétaire de ces biens d'après les règles du quasi-usufruit. Ainsi encore lorsqu'il s'agit de meubles corporels et non fongibles, même les partisans de l'inaliénabilité absolue reconnaissent qu'elle est neutralisée par l'application de l'article 2279. Le tiers qui achète de bonne foi un meuble dotal, en devient immédiatement propriétaire. Sur ces deux points, tout le monde arrive à la même solution. Mais qu'advient-il lorsque le mari a vendu un meuble corporel, et qu'il n'en a pas encore fait la livraison? La vente est-elle valable et doit-elle être maintenue? Qu'advient-il encore lorsque le mari a fait cession d'un objet incorporel, droit, rente, créance? Voilà les questions sur lesquelles on ne s'entend plus, et qui ont donné naissance aux trois systèmes que nous allons exposer d'abord, et puis critiquer.

1re SECTION

Exposition des trois systèmes

1er *système. — La dot mobilière est inaliénable.*

Cette opinion est soutenue par un grand nombre d'auteurs (1). Evidemment, nous n'avons pas la prétention de reproduire ici tous les arguments qu'ils ont fait valoir. Nous voulons seulement indiquer l'idée générale qui forme le point de départ de leur système, et les principales raisons sur lesquelles ils l'appuyent.

Le but du régime dotal, c'est d'arriver à la conservation de la dot, c'est d'assurer à la famille une dernière ressource, en cas de ruine du mari. Or le moyen de conservation le plus énergique et le plus efficace, c'est l'inalié-

(1) Tessier, *Traité de la dot*, t. I, p. 289; et *Questions sur la dot*. — Delvincourt, t. III, p. 110. — Taulier, p. 278. — Bellot des Minières, t. IV, p. 88. — Grenier, *Des hypothèques*, t. I, p. 34. — Benoît, t. I, n° 205. — Rolland de Villarguos, *Répertoire*, V° Régime dotal, n° 101. — Massé, *Droit comm.*, t. III, p. 370. — Rodière et Pont, t. II, n° 491. — Pont, *Journal du Palais*, année 1852, t. II, p. 53. — Dalloz, *Répertoire*, V° Contrat de mariage, n° 3430.

nabilité. C'est ce que disait le tribun Siméon au Corps législatif dans la séance du 20 pluviôse an XII : « L'inaliénabilité de la dot a l'avantage d'empêcher qu'un mari dissipateur ne consomme le *patrimoine maternel* de ses enfants, qu'une femme faible ne donne à des emprunts et à des ventes un consentement que l'autorité maritale obtient presque toujours même des femmes qui ont un caractère et un courage au-dessus du commun (1). » C'est donc le patrimoine maternel, tout entier, mobilier et immobilier, qu'on a voulu préserver de toute chance de dissipation ; de sorte qu'en restreignant l'inaliénabilité aux seuls immeubles, on va directement contre la pensée du législateur. On fait du régime dotal une institution boîteuse, une œuvre imparfaite qui manque d'ensemble et d'harmonie; car elle n'atteint que très-imparfaitement le but en vue duquel elle a été créée, c'est-à-dire la conservation de la fortune de la femme. Bien mieux, en privant la dot mobilière du bienfait de l'inaliénabilité, on arrive indirectement, mais sûrement, à la suppression du régime dotal. Car aujourd'hui les dots des femmes se composent surtout de capitaux mobiliers.

Voilà le point de départ de tous les partisans de l'inaliénabilité.

Les textes s'opposent-ils à l'adoption de ce système? On le prétend. Et voici l'objection capitale que l'on formule : la règle, en droit, c'est que toute personne peut aliéner (art. 1594), et que toute chose peut être vendue (art. 1598). L'interdiction d'aliéner, et la mise hors de commerce

(1) Locré, t.XIII, p. 471.

d'une chose constituent des exceptions. Une exception ne peut résulter que d'un texte formel. Or, l'article 1554 proclame l'inaliénabilité de l'immeuble dotal; mais aucun texte ne prononce une décision semblable en ce qui concerne la dot mobilière. Donc, celle-ci reste sous l'empire du droit commun : par conséquent, elle est aliénable.

On répond à cette objection par le raisonnement suivant : « Le régime dotal n'est pas une exception à telle ou telle règle du code; il est à lui seul un tout qui a lui-même et ses règles et ses exceptions bien caractérisées, et surtout bien différentes de celles du droit commun : c'est une législation à part avec ses principes tranchés et rigoureux. Le régime dotal est, pour ainsi dire, au milieu du code, comme une enclave qui ne reconnaît pas sa domination, mais se gouverne par ses propres lois; c'est un étranger, qui n'a de commun avec les autres matières du droit que la place qu'il occupe dans notre corps de lois (1). »

Or, sous le régime dotal, la règle, c'est l'inaliénabilité; l'exception, c'est l'aliénabilité.

Et d'ailleurs, même en ne tenant aucun compte du raisonnement qui précède, même en se plaçant sur le terrain des adversaires de l'inaliénabilité, il est possible de se défendre avec avantage. L'argument *a contrario* qu'ils tirent de l'article 1554 a-t-il la force d'une exclusion formelle? Nullement. Car un argument *a contrario* n'a, par lui-même, aucune signification. Il n'a de valeur réelle qu'autant qu'il correspond à l'esprit de la loi, à la pensée du législateur. Or, quel est l'esprit de la loi? On

(1) Bérenger, *De l'inaliénabilité de la dot mobilière.*

l'a vu : c'est de protéger contre la mauvaise administration du mari le patrimoine maternel tout entier. Quelle a été l'intention du législateur? C'est de conserver aux provinces du Midi le régime dotal tel qu'elles le pratiquaient depuis des siècles.

Ces affirmations sont nettement confirmées par les travaux préparatoires.

Le premier projet présenté par le gouvernement ne mentionnait même pas le régime dotal. Les jurisconsultes du Midi se plaignirent vivement. On crut les satisfaire en présentant un nouveau projet (1). Mais ce nouveau projet, tout en permettant aux époux de stipuler que leurs biens seraient dotaux, ne faisait pas une place à part au régime dotal. et proscrivait même expressément la clause d'inaliénabilité. M. Berlier avait dit en le présentant : « Il est bien difficile de comprendre comment la femme était mieux protégée par le droit écrit, à moins que la pensée ne s'arrête à l'*inaliénabilité de la dot*; mais c'était une protection achetée bien chèrement par l'incapacité qu'elle imprimait à la femme de disposer de *son bien dotal* (2) ». De là, l'article 138 du projet : « Les immeubles constitués en dot, même dans le cas du présent paragraphe, ne sont pas aliénables : toute convention contraire est nulle. »

Une vive discussion s'engagea sur cet article. M. Portalis fit remarquer que si la *dot* est déclarée aliénable, le système des pays de droit écrit est entièrement sacrifié, et ceux qui croiront le prendre pour règle de leur association

(1) Ce projet de loi fut présenté au conseil d'État le 6 vendémiaire an XII. Locré, t. XIII, p. 122 et suiv.

(2) Locré, t. XIII, p. 148.

se trouveront cependant régis par le système coutumier. M. Berlier répond qu'à la vérité l'article contient une grande dérogation à la loi Julia; car, par le fait de cette loi, le fonds dotal était inaliénable; et l'article proposé ne veut pas même qu'une disposition spéciale puisse le rendre tel. L'on a considéré que la *dot* d'une femme lui était constituée ou par elle-même ou par autrui, notamment par ses parents. Au premier cas, on a trouvé qu'il était peu conforme au droit de propriété que la femme se privât de ce droit et s'imposât à elle-même des entraves qui seraient suivies de regret : l'on a pensé aussi que cette incapacité civile nuirait à la société tout entière et n'était qu'une espèce de substitution dont la femme se grevait elle-même. Au deuxième cas, c'est-à-dire lorsque la dot est constituée par des parents, ils peuvent stipuler soit un droit de retour, soit les dispositions permises par l'article 337 du livre 1er du Code. M. Portalis réplique qu'on s'est nécessairement formé une fausse idée de l'*inaliénabilité de la dot*, lorsqu'on a craint qu'elle ne mît obstacle au droit de retour, et qu'elle ne ramenât les inconvénients des substitutions. Et, en effet, l'inaliénabilité n'existe et n'a de résultat que pendant la durée du mariage : elle s'évanouit aussitôt qu'il est dissous. Pendant le mariage, elle a le double objet de conserver *la dot* à la femme et les fruits de la dot au mari. Sous le premier rapport, elle empêche le mari de disposer seul de *la dot* sous aucun prétexte, et la femme d'en disposer, même avec le consentement du mari sans causes légitimes; sous le second elle interdit à la femme de donner *sa dot* entre vifs, mais elle lui laisse la faculté d'en disposer par testament, parce qu'alors la *donation* n'a d'effet que dans un temps où le mari n'a plus aucun droit aux fruits. Ainsi *la dot* devenant aliénable après la dissolution du mariage, il est évident que l'inaliénabilité n'a rien de commun ni avec les substitutions, ni avec le droit de retour qui ne peut avoir lieu qu'à une époque où l'inaliénabilité a cessé. — Le consul Cambacérès dit qu'il n'aperçoit pas les motifs de l'innovation singulière qu'on propose : il ne voit pas même l'utilité des articles destinés à fixer le système du droit écrit..... — M. Treilhard exprime qu'il sera difficile de concilier l'inaliénabilité de *la dot* avec l'intérêt du commerce et l'abolition des substitutions. Pourquoi de tous les biens qui existent *ceux qui sont dotaux* sont-ils seuls soustraits à la circulation? l'inaliénabilité en assurera le retour à la famille; mais cet intérêt est faible aux yeux du législateur. L'obligation de doter est imposée au père de famille par le droit naturel; elle est dégagée de toute espérance de retour... — Le consul Cambacérès répond que l'inaliénabilité n'est pas établie pour ramener la *dot* dans la main du père, mais pour conserver le fonds affecté aux charges et le *patrimoine* des enfants. — Et le conseil adopte *le principe de l'inaliénabilité de la dot* (1). »

M. Duveyrier, dans son rapport présenté au Tribunat le 19 pluviôse an XII dit : « La propriété de la dot reste à la femme; mais les actions propriétaires demeurent suspendues, parce que la *dot est inaliénable*. Cette inaliénabilité forme le caractère distinctif du régime dotal; c'est par elle qu'il développe ses plus grands avantages. C'est à l'impossibilité absolue d'aliéner le fonds dotal que la pratique

(1) Locré, t. XIII, p. 206 et suiv.

du régime qui établit cette impossibilité attache la conservation des biens, l'assurance des hérédités directes, la prospérité des familles et le lustre social. Ces avantages ne peuvent être contestés. Aussi les pays de droit écrit avaient-ils généralement admis cette règle. Partout le mari était privé de la faculté d'aliéner, d'engager, d'hypothéquer le *bien total*, même avec le concours ou le consentement de sa femme, et les parlements s'accordaient sur l'application au point de déclarer nulles, après la dissolution du mariage, et sur la demande de la femme, les aliénations de sa dot qu'elle avait faites elle-même ou consenties. Le projet de loi conserve dans toute sa rigueur cette règle première et essentielle du régime dotal (1). »

Enfin, M. Siméon, en présentant le vœu du Tribunat au Corps législatif, disait : « le mari, puisqu'il n'est qu'usufruitier, ne peut aliéner ce qui ne lui appartient pas : de là l'*inaliénabilité de la dot* (2). »

Il résulte clairement de toute cette discussion que, dans la pensée des rédacteurs, l'inaliénabilité s'appliquait à la dot mobilière. Car d'une part, le but qu'ils se proposaient d'atteindre en l'admettant, c'est-à-dire la conservation du *patrimoine maternel* (3), est général et concerne tous les biens. D'autre part, ils parlent toujours de la dot, des dotaux, du patrimoine de la femme, et non pas de l'immeuble dotal : leur langage est général et non pas restrictif.

Enfin, il n'est pas moins clair qu'ils ont voulu reproduire l'ancien système des pays de droit écrit. Cela res-

(1) Locré, t. XIII, p. 386.
(2) Locré, t. XIII, p. 471.
(3) C'est l'expression dont s'est servi M. Siméon. Locré, t. XIII, p. 337.

sort principalement des observations de Portalis et de Cambacérès.

Or, le droit écrit admettait l'inaliénabilité absolue de la dot mobilière (1).

Dès lors, l'argument *a contrario* tiré de l'article 1554 n'a plus aucune force.

Il y a plus, après avoir montré combien l'interprétation que les adversaires de l'inaliénabilité absolue donnent de la rédaction restrictive de l'article 1554 est contraire à l'esprit du régime dotal et à l'intention du législateur, il est encore possible d'expliquer l'omission des meubles dotaux dans ce même article 1554.

On peut dire d'abord qu'elle est due à un accident de rédaction. La règle de l'article 138 du projet ayant été rejetée par le conseil, on se contenta d'en prendre le contrepied; et comme le projet ne parlait que des immeubles pour les déclarer aliénables, la rédaction nouvelle ne parla que des immeubles pour les déclarer inaliénables. On ne prit pas garde que le conseil avait adopté le principe de l'inaliénabilité de la dot, aussi bien mobilière qu'immobilière (2).

On a dit aussi que la formule de l'article 1554 ne pouvait proprement s'appliquer aux meubles. Cet article, en effet, parle non-seulement de l'aliénation, mais de l'hypothèque (3).

Enfin, on allègue que, par sa nature, la propriété mobilière ne se prêtait pas à la rédaction simple et précise

(1) Nous consacrerons bientôt une étude spéciale à l'ancien droit.

(2) Paul Pont, *Revue critique de législation*, t. III, p. 679.

(3) Grenier, *Hypoth.*, t. I, n° 34, p. 60.

de l'article 1554 : car, s'il est exact de dire que l'immeuble dotal ne peut être aliéné, le même langage ne saurait être tenu à l'égard du meuble dotal. Car celui-ci, dans bien des circonstances, pourra être l'objet d'une aliénation valable, par exemple lorsqu'il sera fongible ou estimé dans le contrat. Ne sait-on pas aussi que l'application de l'article 2279 neutralisera souvent le principe de l'inaliénabilité, en ce qui concerne les meubles? Il fallait tenir compte de toutes ces distinctions, et le législateur qui voulait poser le principe de l'inaliénabilité dans une formule simple et brève, ne pouvait faire figurer les meubles dans l'article 1554 (1).

C'est pour le même motif que le code n'a parlé que des immeubles dans les articles 1558 et suivants. Au contraire, quand dans la série des exceptions apportées à l'article 1554, on a rencontré une situation qui se prêtait à une formule plus large, on n'a pas manqué de parler des biens dotaux en général, par exemple dans les articles 1555 et 1556. Dans ces articles, en effet, il est question de dispositions à titre gratuit : la situation des tiers-acquéreurs est absolument la même, qu'il s'agisse de meubles ou d'immeubles. Dans tous les cas, la donation de biens dotaux faite à d'autres qu'aux enfants est nulle et de nul effet. Les meubles dotaux eux-mêmes pourront être revendiqués entre les mains des tiers qui ne méritent pas la faveur de la loi parce qu'ils possèdent à titre lucratif (2). »

Ainsi, la doctrine de l'inaliénabilité absolue ne blesse

(1) Paul Pont, *Revue critique*, p. 679. — Nicias-Gaillard, *Journal du Palais*, 1837, t. II, p. 300. — Tessier, *Questions sur la dot*, n° 109 et suiv.

(2) Paul Pont, loc. cit.

pas les textes, et de plus elle est conforme à la pensée de la loi. L'opinion adverse, au contraire, qui ne tient aucun compte de l'intention du législateur, est condamnée par les textes.

C'est ainsi que les articles 1555 et 1556 autorisant dans un cas particulier l'aliénation des *biens dotaux*, reconnaît implicitement leur inaliénabilité.

D'après l'article 1541, *tout ce que* la femme se constitue ou qui lui est donné en contrat de mariage est *dotal*. Or, dans tous les textes, *dotal* veut dire *inaliénable* (art. 1553, 1555, 1556, 1557, 1558, 1559) (1).

L'article 1564 déclare que la dot mobilière non estimée, est restituable sans délai après la dissolution du mariage. Cet article suppose donc que la dot mobilière a dû être conservée pendant le mariage : c'est encore une induction favorable à la doctrine de l'inaliénabilité.

Enfin, l'article 7 (Code de commerce) refusant, par exception, la faculté d'aliéner à la femme marchande publique, quand elle est mariée sous le régime dotal, en parle pas des immeubles seulement, mais des *biens dotaux*.

Tel est, dans son ensemble, le système de l'inaliénabilité de la dot mobilière.

Nous devons ajouter que tous ses partisans ne le maintiennent pas dans son entière rigueur, Quelques-uns y apportent des tempéraments. M. Pont, par exemple, va fort loin dans la voie de l'atténuation. Il admet que l'aliénation par le mari d'un meuble dotal (non fongible et non estimé), et la cession d'une créance dotale, seront

(1) M. Dupin, *Réquisitoire* du 29 mai 1839 devant la Cour de cassation.

parfaitement valables, toutes les fois qu'elles constitueront des actes de bonne administration. Bien plus, alors même que l'aliénation ne pourrait pas être considérée comme un acte d'administration, elle devrait être maintenue, toutes les fois qu'elle ne causerait aucun préjudice à la femme : point de grief, point de nullité (1).

2me *système.* — *La dot mobilière est aliénable* (2).

Ce second système est dominé par cette idée que l'inaliénabilité est une exception exorbitante. Mettre hors du commerce une partie des immeubles de la France est une mesure bien grave : il a fallu qu'une longue tradition l'imposât en quelque sorte aux répugnances du législateur. Mais que serait-ce si on frappait d'immobilité les rentes, les créances, toutes ces valeurs industrielles qui forment aujourd'hui la plus belle part de la richesse nationale? On ruinerait le crédit, on introduirait la défiance dans les transactions, et finalement, on arriverait par un excès de protection, à compromettre sérieusement les intérêts de la femme elle-même.

C'est surtout sous l'impression de ces idées que s'est formée cette seconde opinion. Du reste, le premier regard jeté sur le texte de la loi lui est très-favorable. On lit dans la rubrique de la section 2 : de l'inaliénabilité du *fonds*

(1) Pont, *Revue critique*, p. 685 — Rodière et Pont, t. II, n° 497.

(2) Toullier, t. XIV, p 76 et suiv. — Vazeille, *Du mariage*, t. II, p. 330. — Duranton, t. XV, p. 542 et suiv. — Sériziat, p. 145 et suiv. — Odier, t. III. p. 1239. — Troplong, *Des hypothèques*, t. III, p. 923, et *Du contrat de mariage*, t. IV, p. 3225 et suiv. — Marcadé, sur l'art. 1554, et *Revue critique*, 1851, t. I, p. 602 et 622 ; 1852, t. II, p. 206 et 458 ; 1853, t. III, p. 212.

dotal. Et cela est d'autant plus remarquable que la même rubrique vient de parler des droits du mari sur les *biens dotaux*. Ce n'est sans doute point par hasard et sans intention que le rédacteur passant du premier ordre d'idées : la détermination des droits du mari, au second ordre d'idées : l'inaliénabilité, s'est servi dans le premier cas d'une expression large, et dans le second d'une expression plus restreinte. L'article 1554 dit à son tour : les *immeubles* constitués en dot ne peuvent être aliénés. Enfin les articles 1557, 1558, 1559, 1560, 1561 ne parlent que des *immeubles*.

On objecte : le but du régime dotal serait manqué, si la dot mobilière n'était protégée à l'égal de la dot immobilière ; car, personne n'ignore quelle est aujourd'hui l'importance des meubles. Ce serait une contradiction inexplicable. La réponse est facile. Ne sait-on pas que le législateur de 1804 a subi l'influence de la vieille maxime : *mobilium vilis possessio?* que, presque en toute circonstance, il a traité les immeubles plus favorablement que les meubles? Et cette préférence se comprend d'autant mieux, qu'à cette époque on ne prévoyait pas le développement rapide qu'allait prendre la fortune mobilière.

A ces présomptions si favorables à la doctrine de l'aliénabilité, les partisans du premier système opposent, nous l'avons vu, la discussion du 6 vendémiaire an XII, au conseil d'Etat, sur l'article 138 du projet qui prohibait la clause d'inaliénabilité. Mais on fait remarquer que si les orateurs ont parlé souvent de la dot en général, des biens dotaux, du patrimoine maternel, ils ont parlé aussi de la loi Julia, du fonds dotal (1). D'ailleurs, il est peu sérieux de baser une doctrine sur le sens plus ou moins exact d'expressions dont ceux qui les employaient n'avaient pas, dans l'ardeur de la discussion, le loisir de peser la valeur scientifique.

Enfin, on invoque vainement l'autorité du droit ancien. Sans parler du droit romain qui n'a jamais connu, personne ne le conteste, l'inaliénabilité de la dot mobilière, la jurisprudence des Parlements méridionaux n'est pas aussi certaine, aussi unanime qu'on voudrait le croire. Si le Parlement de Bordeaux avait admis franchement et sans restriction le principe de l'inaliénabilité, les autres Parlements, tout en déniant à la femme la capacité d'aliéner, reconnaissaient au mari le pouvoir de disposer des meubles dotaux et surtout des créances (2).

Les meubles dotaux ne sont donc pas indisponibles.

Mais qui peut les aliéner? Ici les partisans du second système se divisent.

D'après M. Troplong, c'est le mari qui a, pendant le mariage, la faculté d'aliéner les meubles dotaux : car il en a la propriété civile. La femme ne peut pas aliéner, attendu que le droit du mari fait obstacle à sa capacité. Mais que cet obstacle soit levé, que, par exemple, la séparation de biens intervienne, que le mari

(1) Observations de M. Berlier, Locré, t. XIII, p. 206. — Discours de M. Duveyrier, Locré, t. XIII, p. 386.

(2) Rousseau de Lacombe, annotateur de Despeisses, *De la dot*, sect. 3, n° 29. — Catelan, liv. IV, c. 47; id., liv. IV, c. 45. — Fromental, *Décisions du droit civil*, V° Dot, p. 245 — Serres, *Institut. au droit français*, liv. II, tit. 8, p. 136. — Julien, *Eléments de jurisprudence*, liv. I, tit. 4, n° 28. — Roussilhe, t. I, p. 276, n° 236, édit. anc.

décède ou qu'il donne son consentement à la femme, et celle-ci, ne trouvant plus d'obstacle qui paralyse l'exercice de son droit, pourra valablement aliéner sa dot mobilière (1).

M. Marcadé, lui aussi, reconnaît au mari seul le droit de disposer du mobilier dotal pendant le mariage. mais il ne fait pas dériver ce droit de disposition d'un domaine civil qui appartiendrait au mari. Car il repousse complétement l'idée de M. Troplong à cet égard. D'après lui, le droit de disposition découle pour le mari de sa qualité de *procurator* de la femme. De même que c'est le mari seul qui, sous le régime dotal, a capacité pour exercer les actions pétitoires relatives aux immeubles dotaux de la femme; de même c'est le mari seul qui a capacité pour aliéner les meubles dotaux. La femme ne saurait user d'un droit qui a été transmis au mari. M. Marcadé ne nous dit pas, comme M. Troplong, si le mari, pendant le mariage, pourrait se désister de son droit de disposition en faveur de la femme; si cette dernière, avec l'assentiment de son mari, pourrait valablement aliéner un meuble dotal. D'ailleurs, M. Marcadé ne refuse plus le droit de disposition à la femme, lorsque la séparation de biens a été prononcée : c'est une conséquence logique et inévitable de son système (2).

Enfin, M. Toullier, qui est aussi partisan de l'inaliénabilité de la dot mobilière, arrive à des résultats tout différents.

Il refuse au mari le droit d'aliéner la dot mobilière pen-

(1) Troplong, nos 3252-3255.
(2) Marcadé sur l'art. 1554.

dant le mariage. Car la femme est propriétaire, et « suivant la loi générale et sacrée de la propriété : *id quod nostrum est, sine facto nostro, ad alium transferri non potest.* » Si donc le mari veut faire une aliénation valable du mobilier dotal, il doit avoir le concours de la femme. Quant à celle-ci, elle peut, avec l'autorisation maritale, subroger un tiers dans ses hypothèques, y renoncer en faveur des créanciers de son mari, en donner main-levée, parce que de tels actes ne portent atteinte qu'aux sûretés d'une dot mobilière qui n'est pas inaliénable (1).

3e *système. — De la jurisprudence.*

La jurisprudence a construit sur la question qui nous occupe un système particulier. Son opinion, après quelques hésitations, après une résistance assez ferme de la part de certaines cours, est maintenant acceptée par tous les tribunaux et jouit d'une autorité égale à celle de la loi.

Elle a des points de ressemblance avec les deux premiers systèmes, mais elle se distingue de chacun d'eux. Son but est d'environner les meubles dotaux de garanties destinées à en assurer la conservation, sans immobiliser la fortune mobilière; c'est un effort remarquable pour concilier les intérêts privés de la femme avec les intérêts généraux du pays.

Ce système peut se résumer ainsi.

Le mari, sous sa responsabilité personnelle et hypothécaire peut aliéner les meubles corporels et les créances qui font partie de la dot. La femme, au contraire, ne peut

(1) Toullier, tit. 14, n° 182.

compromettre en aucune manière son recours contre le mari, soit en aliénant sa créance en restitution, soit en consentant une subrogation ou une renonciation à son hypothèque légale. Elle ne peut enfin contracter pendant le mariage des engagements exécutoires sur les meubles dotaux.

Il nous paraît utile de citer les termes de l'arrêt par lequel la cour de cassation inaugura ce système en 1819... « Attendu que, *dans les pays de droit écrit, c'était un principe constant consacré par la jurisprudence*, que la femme ne pouvait, quoique avec l'autorisation de son mari, aliéner sa dot mobilière, même indirectement, en contractant des obligations exécutoires sur ses meubles ou deniers dotaux; que ce principe et cette jurisprudence étaient fondés sur ce que l'inaliénabilité de la dot est de l'essence même du régime dotal, *puisque le régime dotal n'a d'autre objet que d'assurer la dot*, en prohibant à la femme le droit de l'aliéner d'une manière quelconque pendant le mariage, et en garantissant ainsi la femme *de sa propre faiblesse*, pour l'empêcher de se ruiner et de réduire aussi ses enfants à la misère... attendu qu'il résulte du procès-verbal de la discussion du code civil *que les auteurs de ce code ont voulu maintenir le régime dotal tel qu'il existait dans les pays de droit écrit*, sauf les modifications qu'ils ont formellement exprimées, et qu'ils n'ont aucunement dérogé à la prohibition qui était faite à la femme mariée sous le régime dotal, d'aliéner par des obligations ou autrement, sa dot mobilière;

« Que si l'article 1554 du code n'a expressément prohibé l'aliénation qu'à l'égard des immeubles dotaux, de même que la loi *Julia* et ensuite la loi du code *de rei uxoriæ actione* n'avaient également prohibé l'aliénation qu'à l'égard du fonds dotal, c'est que, d'après le code civil, comme d'après le droit romain le mari étant seul maître de la dot mobilière dont il a la propriété ou *la libre possession*, *lui seul peut en avoir la disposition ;* et qu'ainsi sous ce rapport la femme se trouvant dans l'heureuse impuissance d'aliéner elle-même directement ses meubles ou deniers dotaux, il était inutile de lui en interdire l'aliénation... etc. »

Nous avons transcrit en partie les considérants de cet arrêt, parce qu'on y trouve soigneusement indiqués les principaux motifs qui servent de base au système de la jurisprudence, et les décisions pratiques qui le caractérisent : d'une part, impuissance pour la femme de perdre la dot mobilière, d'autre part capacité pour le mari d'en disposer.

Cette doctrine ne fut pas d'abord acceptée sans contestation. Quelques cours, en petit nombre, il est vrai, la repoussèrent (1). D'autres proclamèrent la dot mobilière inaliénable pour le mari aussi bien que pour la femme. Mais on peut dire que l'arrêt du 12 août 1846 rendu par la chambre civile de la Cour de cassation a brisé toutes ces résistances partielles. Cet arrêt est surtout remarquable en ce qu'il détermine, mieux que celui de 1819, la portée de la nouvelle doctrine, et qu'il en donne en termes clairs la véritable formule. A ce titre, il mérite d'être rapporté...

(1) Caen, 24 août 1822, Sir., 26, 1, 172. — Paris, 28 mars 1829, Sir., 29, 2, 142. — Douai, 22 janvier 1824, Sir., 37, 2, 98. — Lyon, 16 juillet 1840, Sir., 41, 2, 241.

« Attendu qu'aux termes de l'article 1549 du Code civil, le mari a l'administration des biens dotaux et le droit de recevoir le remboursement des capitaux, par conséquent celui de disposer desdits capitaux, lorsqu'aucune condition d'emploi n'a été stipulée; — attendu que, si d'après les dispositions du Code civil sur le régime dotal, la dot mobilière est inaliénable comme la dot immobilière, il s'ensuit seulement que la femme, même autorisée par son mari, ne peut aliéner ni directement ni indirectement les droits qui lui sont assurés par la loi pour la conservation de sa dot; — que ces droits, quant à la dot mobilière, lorsque le mari a usé de la faculté d'en disposer, consistant dans un recours contre le mari, recours garanti par l'hypothèque légale, et auquel la femme pendant le mariage ne peut renoncer; — que cette créance dotale contre le mari ne peut être aliénée ni par la femme ni par le mari, ni par tous les deux conjointement; mais que le mari qui reçoit le remboursement d'un capital constitué en dot, qui en fait un emploi plus ou moins utile pour lui et pour sa femme, et qui fait cession à un tiers d'une créance dotale, ne fait qu'user du droit de libre disposition qui lui appartient à cet égard, puisque la propriété de la femme est convertie par la loi en une créance contre le mari, lequel est personnellement et hypothécairement obligé à la restitution après la séparation de biens ou la dissolution du mariage (1) ».

(1) Arrêts qui se sont prononcés dans le sens de l'inaliénabilité. Limoges, 8 août 1809, Sir., 9, 2, 386. — Cass., 1er février 1819, Sir., 19, 1, 146. — Paris, 26 août 1820, Sir. 21, 2, 84.— Nîmes, 21 juin 1821, Sir. 37, 2, 57. — Poitiers, 15 décembre 1836; Toulouse, 7 mai 1824; Grenoble, 24 mars 1821, Sir. 37, 2, 49 et suiv. — Paris, 10 août 1831, Sir. 31, 2, 289.

Lorsque la séparation de biens est prononcée, la femme ne succède pas au droit de disposition qu'avait le mari sur la dot mobilière. Comme il ne peut plus être question de recours contre le mari, et que néanmoins la femme est incapable de compromettre sa dot, on arrive à une inaliénabilité identique pour la dot mobilière et pour la dot immobilière (1).

Telle est, en résumé, la théorie de la jurisprudence sur l'inaliénabilité de la dot mobilière. Comme résultat pratique, elle diffère du premier système, en ce qu'elle reconnaît au mari le droit de disposer du mobilier dotal; elle diffère du second, en ce qu'elle n'admet pas la femme séparée de biens à succéder au droit de disposition qu'avait le mari administrateur.

SECTION 2

Examen critique des trois systèmes

Maintenant que nous avons dessiné les traits essentiels de chacun des trois systèmes, il nous sera plus facile de les apprécier.

— Limoges, 8 août 1809, Sir. 9, 2, 386. — Cass., 26 mai 1836; Cass., 2 janvier 1837; Cass. 23 décembre 1839, Sir., 1840, 1, 246. — Cass., 2 août 1845, Sir. 45, 1, 361. — Cass. 12 août 1846, Sir. 46, 1, 604. — Cass. 18 février 1851, Sir. 51, 1, 805. — Cass., 1er décembre 1851, 51, 1, 818. — Cass., 16 décembre 1859, Sir, 60, 1, 644. — Cass., 12 mars 1866, Sir. 66, 66, 1, 159. — Cass., 4 juin 1866, Sir. 66, 1, 281. — Cass. 2 juillet 1866, Sir. 66, 1, 315. — Cass., 1er août 1866, Sir. 66, 1, 363. — Cass., 11 novembre 1867.

(1) Montpellier, 22 juin 1819. — Grenoble, 24 mars 1821. — Toulouse, 7 mai 1824. — Rouen, 26 juin 1824. — Chambre des requêtes, 23 décembre 1839. — Ch. des Req., 31 janvier 1842. — Cass. (Chamb. réunies), 14 novembre 1846, Sir. 47, 1, 27. — Cass., 29 juillet 1862, Sir. 63, 1, 166. — Cass., 11 novembre 1867.

Au milieu des différences nombreuses qui les séparent, il est aisé cependant de démêler une idée qui leur est commune. Tous invoquent le droit ancien. Pour deux systèmes, le premier et le troisième, ce droit est le fondement même sur lequel ils reposent; pour le second, il est un simple auxiliaire, un argument servant à démontrer que le Code, en restreignant le principe de l'inaliénabilité à la dot immobilière, n'a fait que consacrer les traditions du passé.

Ainsi, quoique à des titres divers, tous les systèmes remontent au droit ancien. Nous devons donc l'étudier avec la plus grande attention. Cette étude sera en quelque sorte le pivot de nos raisonnements; elle sera, qu'on nous permette ce mot, notre base d'opérations.

Mais si cette étude est importante, elle est aussi pleine de difficultés. Il serait téméraire de croire qu'elle va jeter une vive lumière sur la grande question qui divise si profondément les auteurs et la jurisprudence. Dans l'ancien droit, comme aujourd'hui, l'accord était loin d'être parfait. Non-seulement les divers parlements de droit écrit n'étaient pas unanimes, mais au sein même de chaque parlement, la jurisprudence présentait des contradictions : Même divergence, même incertitude parmi les auteurs. D'où venait cette sorte d'obscurité qui enveloppait notre question?

On peut remarquer d'abord que la richesse mobilière, aujourd'hui si considérable, était presque nulle alors. De plus, la catégorie des meubles qui est si large, si vaste dans notre code, était extrêmement restreinte dans l'ancien droit. Non-seulement les rentes foncières, mais les rentes constituées elles-mêmes, étaient généralement regardées comme des immeubles. Cormis, avocat au parlement de Provence, disait : « Les rentes constituées à prix d'argent qui se nomment en ce pays capitaux de pension perpétuelle, sont aussi au rang des immeubles, tant et si longuement qu'ils existent (1). » Argou disait également : « Les rentes constituées sont réputées immeubles par la coutume de Paris (art. 94), qui en cela est observée dans toutes les coutumes qui n'ont pas de dispositions contraires, même dans les pays de droit écrit (2). » Les offices vénaux étaient aussi rangés parmi les immeubles (3).

Ainsi l'importance des meubles n'était pas assez grande pour fixer l'attention des jurisconsultes, et leur faire sentir la nécessité d'une théorie claire et certaine sur cette matière.

Ajouterons-nous que le contact des usages et coutumes locales rendait plus difficile l'interprétation des lois romaines ? Au sujet de l'Auvergne qui était régie, comme les autres pays du reste, par ce mélange de droit romain et de coutumes, Chabrol s'exprime ainsi : « Ces deux lois s'y trouvent quelquefois cumulativement, au point qu'une même maison se régit par la coutume pour une moitié, et par le droit écrit pour l'autre (4). » Tout cela n'était guère propice pour assurer à la jurisprudence des parlements

(1) Cormis, *Recueil de Consultations*, éd. de 1735, t° I, p. 325.

(2) Argou, *Instit. au droit français*, liv. II, chap. 1, pag. 92. — Voir aussi Duperrier, *Maximes de droit*, liv. v, p. 501.

(3) Argou, liv. II, chap. 1. — *Arrêts de Lamoignon*, seconde partie, tit. 8, no 3.

(4) Chabrol, *Introduction à la coutume de l'Auvergne*.

cette unité de vues et de principes que nous aimerions à y rencontrer.

Dans l'étude que nous allons faire, au lieu d'analyser les documents, nous les citerons de préférence. Dans une matière où les auteurs modernes se sont trop souvent efforcés de torturer les textes anciens et de les façonner en quelque sorte à leur doctrine favorite, il est bon de mettre ces textes eux-mêmes sous les yeux.

Parlement de Bordeaux. — La jurisprudence de ce Parlement est très-claire : elle admet dans toute son étendue le principe de l'inaliénabilité. Ce point est nettement établi par les attestations suivantes du barreau de Bordeaux rapportées par Salviat.

« Attesté le 17 août 1672 : que les *dots* des femmes sont inaliénables.

» Attesté le 4 décembre 1666 : que pendant le mariage le mari et la femme ne peuvent ni conjointement ni séparément faire aucun acte qui puisse nuire à *la dot* ni aux conventions matrimoniales.

» Attesté le 7 juillet 1696 : que les *biens dotaux* sont inaliénables conformément au droit, et que les femmes mariées, quoique séparées de biens et autorisées par leur mari ou par la justice, ne peuvent les aliéner, si ce n'est dans les cas où, pour des causes privilégiées, la loi leur permet d'aliéner.

» Attesté le 2 juillet 1708 : Qu'une femme mariée, séparée de biens ou non, ne peut aliéner ses *biens dotaux*, ni en recevoir le paiement, ni donner consentement valable pour renoncer aux hypothèques et privilèges qu'elle a sur les biens de son mari pour sa dot et ses conventions matrimoniales. »

Toutes ces attestations sont générales et conçues dans les termes les plus absolus. En conséquence, le mari n'avait pas la libre disposition des meubles dotaux. C'est ainsi que ses créanciers ne pouvaient valablement saisir ni arrêter les capitaux des sommes dotales, pour quelque cause et prétexte que ce fût (1). Il avait simplement la jouissance de tous les biens dotaux, tant meubles qu'immeubles, et devenait propriétaire des revenus et intérêts qui pouvaient dès lors être saisis par ses créanciers.

Mais il ne faut rien exagérer. Le mari peut vendre les meubles dotaux, toutes les fois que la femme trouve un avantage à cette vente, toutes les fois, en un mot, que cette vente est un acte d'administration (2).

Il résulte aussi des attestations précédentes que la femme n'a pas plus de pouvoir que son mari. Même après la séparation de biens, elle n'a pas le droit d'aliéner les choses dont elle prend l'administration et la jouissance (3). Il y a deux passages de Salviat qui semblent contredire cette doctrine : il faut les éclaircir. Cet auteur dit : « Elle peut sans l'autorité de son mari *disposer de ses meubles*, et du revenu de ses immeuble, les affermer, en donner quittance, etc. » Faut-il en induire que la femme séparée a la faculté d'aliéner les meubles dotaux ? Cette induction serait erronée. Le droit de disposition que Salviat accorde à

(1) Salviat, v° *Dot*, n° 7.

(2) Idem, v° *Dot*, n° 9.

(3) Salviat, n° *Séparation*, v° 3. — Automne, *Coutume de Bordeaux*, art. 53, n° 50.

la femme séparée n'est autre que le droit qui appartient à tout administrateur.

Ce qui le prouve, c'est d'abord l'énumération des actes permis à la femme séparée, le louage, le bail de quittances. C'est surtout la suite du passage que nous venons de citer, et où nous lisons : « Mais elle ne peut pas en percevoir le capital qui est en argent comptant, parce qu'elle pourrait le *dissiper*, ce qui est défendu. » Puisqu'elle ne peut dissiper le capital, à plus forte raison les meubles corporels.

Ainsi, ce premier passage n'infirme en rien la doctrine qui résulte si nettement des nombreuses attestations que nous avons rapportées. Voici le second passage :

Attesté le 15 avril 1769 : « que la dot constituée en deniers dans la coutume de Bordeaux est mobilière de sa nature, à moins que par clause expresse du contrat de mariage, il ne soit dit qu'elle sera censée immeuble et patrimoniale à la future épouse ; hors ce cas, la femme peut toujours *disposer de ladite dot qui consiste en argent comptant, comme des autres meubles.* » Ce passage ne vise pas une disposition entre-vifs, mais une disposition par testament. La preuve en est dans cette phrase qu'on lit à la fin du même passage : « Telle dot n'étant pas sujette à la disposition de l'article 60 de la coutume qui affecte au plus proche les deux tierces parties des immeubles venus par succession (1). »

Ainsi, par un rare privilége, la jurisprudence du Parlement de Bordeaux est claire et unanime dans ses décisions sur l'inaliénabilité de la dot mobilière.

(1) Salviat, v° *Dot.* n° 8.

Parlement de Toulouse. — Ici, nous ne trouvons plus la même unité de principes et de doctrine.

Despeisses, avocat à Montpellier, se prononce pour l'inaliénabilité absolue de la dot mobilière. Il s'exprime ainsi : « La femme peut révoquer l'aliénation des *meubles* non estimés, qui ne consistent pas en poids, nombre ou mesure, parce qu'en ce cas, il y a même raison que de l'immeuble constitué, car toujours lesdits meubles sont *dotaux* (1). »

Mais Despeisses est le seul auteur qui, dans ce Parlement, admette l'inaliénabilité absolue de la dot mobilière. Son annotateur, lui-même, Rousseau de Lacombe, la repousse dans ses observations : « Lorsque, dit-il, l'aliénation des meubles apportés en dot par la femme a été faite par le mari pendant le mariage, ni elle ni ses héritiers ne peuvent révoquer cette aliénation, quoiqu'il s'agisse de meubles meublants et non estimés, et parce que le mari n'est point simple dépositaire de ces meubles, qu'il en est comme maître et propriétaire, et que la prohibition de la loi Julia de *fundo dotali* ne s'étend point sur le mobilier apporté en dot par la femme : s'il en était autrement, le commerce des meubles serait trop gêné. Quand on veut acheter un fonds, l'on peut facilement savoir s'il est dotal ou non; mais quand on veut acheter des meubles d'un homme marié, on n'examine point s'ils lui ont été apportés en dot; le possesseur des meubles en est censé propriétaire.

Il faut en dire de même d'une action et créance mobi-

(1) Despeisses, t. II *de la Dot*, sect. 2, n° 29. — V. aussi sect. 3, n° 30.

lière qui appartient à la femme et qui est dotale : le mari peut la céder ou en recevoir le remboursement. »

Ainsi les deux arguments de Rousseau de Lacombe sont : 1° que le mari est en quelque sorte maître et propriétaire des meubles dotaux; 2° que la prohibition de la loi Julia ne s'étend pas jusqu'à eux.

Plusieurs auteurs reproduisent ces arguments. Serres avocat et professeur à l'Université de Montpellier, s'exprime ainsi : « Puisqu'il n'y a que l'aliénation du fonds dotal qui soit défendue par la loi, il s'ensuit que le mari est le maître absolu des sommes, actions, obligations ou hypothèques dotales et qu'il peut les aliéner comme il trouve à propos (1). »

De même Catelan : « Le mari étant le maître absolu des obligations qui lui ont été constitués en dot, peut les nover et en retirer payement, comme bon lui semble, sans être obligé de bailler caution (2). »

De même encore Fromental : « Le mari est le maître absolu des obligations qui lui ont été remises pour la dot de sa femme : il peut les aliéner (3). »

Le mari pouvant aliéner les créances dotales, pouvant faire servir les deniers dotaux au payement de ses propres dettes, il est naturel d'admettre que ses créanciers ont le droit de pratiquer des saisies entre les mains des créanciers de la dot. C'est en effet l'opinion de Catelan (4) et de Fromental (5) qui observent cependant que la femme au-

(1) Serres, *Institut. au Droit français*, liv. 2, lit. 8, pag. 136.

(2) Catalan, *Arrêts remarq. du Parl. de Toul.*, chap. 47, liv. 4.

(3) Fromental, v° *Dot*, p. 255 et 256.

(4) Catelan, chap. 47, liv. IV.

(5) Fromental, v° *Dot*, page 245.

rait le droit de former opposition, si les biens du mari étaient en distribution. Rousseau de Lacombe, tout en reconnaissant au mari les mêmes droits que ces deux auteurs, déclare nettement que si les meubles dotaux sont saisis à la requête des créanciers du mari, la femme peut les revendiquer (1). Avons-nous besoin de dire que Despeisses est sur ce point de l'avis de son annotateur (2)?

Quelle est la situation de la femme au point de vue du droit d'aliénation? Tous les auteurs s'accordent pour lui refuser la faculté d'aliéner les meubles dotaux pendant le mariage, mais tous n'appuient pas ce refus des mêmes raisons. Serres allègue que si la femme ne peut aliéner les meubles dotaux, cela tient à ce que : « L'exercice des actions et aliénations dotales ne réside pas sur sa tête, » mais sur celle du mari. Catelan, Fromental, d'Olive décident aussi que la femme, durant le mariage, est incapable d'aliéner sa dot, de la donner à des étrangers ou à des collatéraux.

Et chose remarquable, ils n'en donnent point pour raison le respect des droits du mari ; ils invoquent un motif plus élevé, plus large, la nécessité de protéger la femme contre sa propre faiblesse. « Catelan, dit Fromental, rapporte la raison de la nullité d'une pareille donation : elle est prise de ce que les lois ont prohibé toute sorte d'aliénation des cas dotaux au mari et à la femme, *ne sexus muliebris fragilitas in perniciem substantia vertatur*, raison qui subsiste pendant tout le cours du mariage (3). »

(1) Œuvres de Despeisses, *De la Dot*, sect. 3, n° 29.
(2) Œuvres de Despeisses, *De la Dot*, sect. 2, n° 34.
(3) Fromental, v° *Dot*, p. 255 et 256.

D'Olive, à propos d'un arrêt du Parlement de Toulouse qui annula, sur les poursuites de la femme après le décès de son mari, la donation d'une somme d'argent qu'elle avait faite durant son mariage, s'exprime d'une façon encore plus remarquable : « Ceux qui étaient d'avis d'infirmer la donation disaient que le droit singulier qui concernait les dots avait été inventé et introduit en considération des femmes, ... que Justinien, en enlevant à la femme la liberté de consentir à l'aliénation, liberté que lui avait laissée la loi Julia, avait voulu témoigner que l'intérêt des femmes était purement l'objet de sa disposition, lorsqu'il proteste que c'est pour empêcher que leur fragilité naturelle ne tourne leurs propres mains à leur ruine et ne les réduise à une soudaine et déplorable mendicité, ... que la loi de Justinien en ôtant à la femme la liberté de consentir à l'aliénation du fonds dotal avait, par une conséquence nécessaire *et tacito juris intellectu*, déclaré nulle et invalidée l'aliénation qu'elle en faisait de soi-même, *ne fragilitate naturæ in repentinam deduceretur inopiam*, qui était la raison de l'empereur, laquelle embrassait généralement l'un et l'autre cas, qui allaient tous deux à perdre la dot, et qui concernaient également l'intérêt de la femme à laquelle il importait que, par une heureuse impuissance (1), elle fût empêchée de disposer de sa constitution dotale, et qu'elle fût mise dans un état dans lequel la fragilité de son sexe se trouvât à couvert des séductions qu'on pourrait exercer sur son esprit pour la porter à se dépouiller de sa dot, ou en l'aliénant ou en consentant à son aliénation. »

(1) Ce sont presque les mêmes termes que nous trouvons dans quelques arrêts de la Cour de cassation, et notamment dans le fameux arrêt de 1819.

Il n'est question dans ce long raisonnement que de la loi Julia, que de l'aliénation du fonds dotal, et cependant il sert à motiver la nullité d'une donation de *deniers* faite par la femme mariée! C'est que les anciens auteurs dégageant des dispositions de la loi Julia, et surtout de Justinien, l'idée qu'elles contiennent, c'est-à-dire la nécessité de protéger la femme contre sa propre faiblesse, comprenaient que l'application devait en être générale. La fragilité de la femme leur semblait également à redouter, qu'il s'agît de biens meubles ou de biens immeubles : les mesures de protection prises par le législateur devaient, sous peine de manquer leur but, couvrir la dot tout entière. Ce qui prouve qu'en raisonnant ainsi nous entrons dans la pensée des anciens auteurs, c'est que nous trouverons encore, notamment dans la jurisprudence du Lyonnais, plusieurs arrêts prononçant en vertu de la loi Julia, l'inaliénabilité par la femme des meubles dotaux.

Parlement d'Aix. — Nous nous contenterons de citer un passage de Julien, extrait de ses *Éléments de Jurisprudence :* « La femme ne peut, pendant le mariage, aliéner ni engager sa dot, soit que la dot consiste en argent, en meubles ou en immeubles : *Reipublicæ interest mulieres dotes salvas habere*, dit la loi 2, Dig. *de jure dotium.* Boniface, t. I, liv. VII, tit. 4, chap. 3, rapporte des arrêts qui ont jugé que la donation était nulle pour *les biens dotaux*, et valable pour les biens paraphernaux (1). » Ce sont absolument les mêmes idées que celles qui nous ont paru ressortir de la doctrine des auteurs et des décisions de la jurisprudence dans le Parlement de Toulouse.

(1) Julien, *Eléments de Jurisprudence*, liv. I, tit. 4, no 28.

Parlement de Grenoble. — Comme dans le Parlement de Toulouse, le mari peut librement disposer des créances dotales. Cela est attesté par Duport-Lavillette (1), Guy-Pape (2) et son commentateur Chorier (2).

Les obligations que la femme a contractées pendant le mariage solidairement avec son mari, ne peuvent s'exécuter au préjudice de la dot *en deniers*, sur les biens sur lesquels la femme s'est colloquée (3).

PAYS DE DROIT ÉCRIT QUI RESSORTISSAIENT AU PARLEMENT DE PARIS.

Auvergne. — L'article 3 (chap. 14) de la coutume de l'Auvergne était ainsi conçu : « Le mari et la femme conjointement et séparément constant le mariage ou fiançailles ne peuvent vendre, aliéner, permuter, ni autrement disposer des *biens dotaux* de ladite femme, au préjudice d'icelle, et sont de telles dispositions et aliénations nulles et de nul effet et valeur, et ne sont validées par serment. » Voilà certes une disposition bien absolue, et qui rappelle les attestations du barreau de Bordeaux. Chabrol, le commentateur de la coutume de l'Auvergne, s'exprime ainsi sur cet article : « *La dot des femmes est déclarée inaliénable en tous sens ;* il n'y a point d'articles dans la coutume où elle s'explique en termes plus impérieux, et plus irritants. »

Au sujet des engagements contractés par la femme pen-

(1) Duport-Lavillette, *Quest. de droit*, t° 3, page 27 et suivantes.

(2) Guy-Pape, *Quest.* 468, n° 14.

(3) Chorier sur Guy-Pape, liv. IV, sect. 2, art. 1.

(4) Roussilhe, *De la Dot*, t. I, page 433.

dant le mariage, nous lisons dans l'article 1er du chapitre 17, *Des obligations :* « Femme, constant le mariage, ne se peut obliger pour le fait de son mari, ni de celui ou ceux à qui son dit mari puisse succéder, ni aussi renoncer aux obligations et hypothèques à elle appartenant. »

En prenant cet article à la lettre, on arriverait à dire que la femme peut valablement s'obliger en faveur de toute personne autre que le mari ; mais cette interprétation, conforme au texte de l'article 1er du chapitre 17, serait manifestement contraire à l'article 3 du chapitre 14. C'est ce qu'a fort bien remarqué Brodeau. La femme mariée pourrait valablement s'obliger pour un autre que son mari « si on n'entendait la coutume que des biens aventifs ou paraphernaux. Mais si on l'entend des biens dotaux de la femme, on lui donnerait une fausse explication en supposant qu'elle approuve l'obligation des biens dotaux de la femme, en faveur même de tout autre que le mari, ses enfants, et les personnes qui lui sont conjointes (1). »

Nous n'avons pas été peu surpris par le commentaire suivant de Chabrol sur le même article 1er, chapitre 17 : « Si la femme était séparée de biens, elle pourrait valablement recevoir sa dot mobilière, et par conséquent renoncer à ses hypothèques, innover, et déroger à ses privilèges. La séparation produit le même effet que l'émancipation pour les mineurs, et ils peuvent valablement recevoir et donner quittance d'un simple mobilier. » Que

(1) Brodeau, dans sa note sur l'art. 3 : *Coutumes de l'Auvergne*, par Chabrol. — Brodeau, sur Louët, lett. D, n° 12. — Masüer, tit. 30, *des Obligat.*, n. 4 et 8.

la femme séparée reçoive les sommes dotales et en donne quittance, rien de mieux, car elle a repris l'administration ; mais qu'elle fasse novation, qu'elle déroge à ses priviléges, qu'elle renonce en un mot à se couvrir de son impuissance légale de compromettre sa dot, voilà des décisions que nous sommes étonné de rencontrer sous la plume de Chabrol qui disait tout à l'heure : « La dot des femmes est déclarée inaliénable en tous sens. » Aussi tenons-nous pour plus conforme à la coutume la doctrine d'un arrêt du 27 août 1742, rendu au sujet d'une obligation de 560 livres consentie le 8 janvier 1719 par Anne de Benoît, femme séparée de biens, au profit de Christophe Bidon. Cet arrêt décida que la prohibition, quant aux biens dotaux, était générale, et que la séparation de biens n'avait pas changé cet état de choses.

Lyonnais, Beaujolais, Forez, Mâconnais. — Henrys, premier avocat au bailliage et siége présidial du Forez, nous fournit ici de précieux documents. Ce jurisconsulte, dont l'autorité était si grande autrefois que, d'après Bosquillon (1), les avocats se découvraient en prononçant son nom, est le seul auteur, à notre connaissance, qui ait présenté, sous une forme doctrinale la question de l'inaliénabilité de la dot mobilière. Il l'a examinée deux fois dans ses ouvrages, à propos des engagements contractés par la femme durant le mariage, et il a soutenu deux opinions différentes.

La première fois, il se prononce pour la validité des engagements passés par la femme dotale. Il attaque un ar-

(1) Bosquillon, *Dict. des Hommes illustres.*

rêt rendu par le bailli de Forez au profit de la demoiselle Catherine Paparin, qui s'était obligée conjointement et solidairement avec son mari, Pierre Petit, à la somme de 1,500 livres. Voici, en substance, son raisonnement :

En droit romain, la constitution d'Anastase (1) avait permis aux femmes de renoncer aux bénéfices du sénatus-consulte Velléien. Sans doute Justinien l'a modifiée, mais en ce sens seulement que la renonciation deviendra impossible en ce qui concerne les immeubles dotaux : ce qui prouve que la prohibition de la loi Julia ne s'étend pas aux meubles (2). Dans la Novelle 61, Justinien n'a pas élargi cette prohibition, comme le prouvent les termes de la rubrique, et de l'authentique *sive a me*.

Quant au droit français, il est encore plus favorable : car, tandis que le droit romain exigeait une renonciation expresse et certaine au Velléien, l'édit de Henri le Grand (3) la sous-entend dans tous les contrats passés par les femmes mariées.

Enfin, l'intérêt du commerce et de l'industrie exige que les femmes soient capables de s'obliger sur leurs biens dotaux.

En parallèle avec ce raisonnement, Henrys place les considérations que faisaient valoir ses adversaires. Nous les résumons ainsi : la Novelle 61 est générale. Aussi, la glose sur la loi 1, *sol. mat. Dig*, et la glose *in l. libertatis f. de jure dotium*, font-elles remarquer que les choses do-

(1) Loi 21, Cod.

(2) Henrys confond évidemment la prohibition de la loi Julia et celle du S. C. Velléien. Au reste, dans un autre passage de son livre, il réfute très nettement cette erreur.

(3) Cet édit date de 1608.

tales, soit meubles, soit immeubles, sont inaliénables par cette raison générale : *ne mulieres indotatæ sint, interest enim reipublicæ mulieres dotes salvas habere.* « Et à ce propos, Barthole et quelques autres interprètes disent que la dot est *quid universale, arg. l. quod dicit* § 1 *f, de Impensis, Dig*, où la glose met en parallèle *dos, hereditas, poculium* : tellement que sans s'attacher aux corps particuliers de la dot, il la faut considérer comme un droit universel, qui est inaliénable de sa nature (1). »

Quant à l'édit de Henri le Grand, il valide les contrats passés par les femmes, mais quant à leurs paraphernaux seulement.

Enfin à l'intérêt du commerce, on opposait l'intérêt des familles (2).

Quelque temps après, Henrys revient sur cette question. Il éprouve le besoin de l'éclaircir : il est impatient d'achever ce travail « *qui le mine.* » Car depuis la publication de son premier recueil, il a lu l'ouvrage de Brodeau qui enseigne que les femmes ne peuvent valablement s'obliger sur leurs biens dotaux. De plus, la cour de Lyon avait rendu dans l'intervalle (18 mai 1657) un arrêt par lequel elle déclarait que la dame Mamejan n'avait pu s'obliger sur ses biens dotaux.

Henrys déclare qu'il se rallie à cette doctrine (3). Cette fois, il s'abstient de tout argument juridique, il se con-

(1) Ce point de vue nous rappelle la doctrine de la jurisprudence moderne à l'égard du mari : celui-ci peut aliéner les meubles dotaux individuellement ; mais la dot, dans son ensemble, doit rester entière : il faut que la femme la retrouve au moment de la liquidation.

(2) Henrys, liv. IV, quest. 8, t° 2, page 184.

(3) Henrys, liv. IV, quest. 141, page 772 et suiv.

tente de faire valoir des considérations générales. Il est nécessaire d'assurer la conservation de la dot qui sera pour la femme, pour le mari et les enfants « une dernière table après le naufrage. » — Les créanciers ne peuvent se plaindre, car ils sont avertis de l'incapacité de la femme. — Enfin, en supposant que la dot fût aliénable, il serait toujours possible à la femme de faire annuler ses engagements. Il suffirait de prouver qu'avant le contrat « on a vu pleurer la femme, qu'on a vu lui donner un soufflet, pour inférer de là qu'elle a été comme forcée. »

L'arrêt du 18 mai 1657 rendu en faveur de la dame Mamejan, souleva des réclamations. On prit même contre lui un acte de notoriété (1), auquel Henrys refusa d'adhérer. De plus, on l'attaqua par requête civile.

Dans l'arrêt qui intervint sur cette requête, le Parlement de Paris jugea que la loi Julia *de fundo dotali* devait être suivie dans les pays de droit écrit de son ressort, nonobstant les actes de notoriété contraires (13 juillet 1658). Voilà encore une décision qui se fonde sur la loi Julia pour déclarer les engagements de la femme mariée non exécutoires sur les biens dotaux.

« L'arrêt de 1658, dit Henrys, ne doit plus laisser de doute, et il en faut demeurer là, s'il n'y est point dérogé par un édit. »

On n'attendit pas longtemps : au mois d'avril 1664, Louis XIV abrogea la loi Julia dans les provinces du Lyonnais, Forez, Beaujolais et Mâconnais (2).

(1) Les actes de notoriété correspondent exactement aux attestations du barreau de Bordeaux.

(2) A ce propos, Bretonnier fait observer : 1° que l'édit a été rendu, non

Nous avons terminé l'étude du droit ancien. Assurément nous aurions pu trouver, dans les immenses recueils que nous venons de parcourir, des principes mieux arrêtés, des décisions mieux motivées. Mais la France du Midi n'a pas eu, comme la France coutumière (1), l'heureuse fortune de produire un de ces jurisconsultes dont le génie est assez puissant pour mettre l'ordre et la lumière dans le chaos obscur d'un nombre infini de lois et de coutumes. Elle a manqué d'un Dumoulin ou d'un Pothier. Tous les auteurs que nous avons cités, Salviat, Catelan, Despeisses et les autres, se distinguent plutôt par l'érudition et la patience des recherches, que par l'originalité des aperçus et l'esprit scientifique. Dans les précieux recueils de jurisprudence qu'ils nous ont laissés, nous trouvons bien rarement des discussions juridiques; et, sur la question particulière de l'inaliénabilité de la dot, Henrys est le seul qui ait fourni des développements.

Néanmoins, l'étude à laquelle nous venons de nous livrer n'a pas été stérile : elle nous a conduit au résultat suivant :

1° A l'égard du mari, l'accord n'existait pas : Ici (2) on

pas à la prière des commerçants de Lyon, mais à la poursuite du sieur Perrachon de Saint-Maurice, fermier général, qui « avait intérêt de mettre les sous-fermiers en état de pouvoir faire entrer leurs femmes dans les baux, et leur faire obliger leurs biens dotaux; » 2° que l'édit est observé dans le Mâconnais, mais qu'il n'est pas suivi dans la province d'Auvergne, même dans les bailliages qui se régissent par le droit écrit.

(1) Cujas appartient bien au Midi. Mais ce grand jurisconsulte s'est livré uniquement à l'interprétation du droit romain, envisagé comme science pure; il ne s'est pas préoccupé de la jurisprudence des Parlements.

(2) Parlement de Bordeaux. — Despeisses. — *Coutumes de l'Auvergne et de la Marche.*

lui refusait le droit d'aliéner les meubles dotaux, là (1) on le lui donnait ;

2° A l'égard de la femme au contraire, nous avons constaté partout les mêmes tendances. Partout on arrivait à dire qu'elle était incapable de compromettre sa dot. C'est là une idée certaine et qui se dégage invinciblement de l'étude impartiale des anciens textes. Nous avouons qu'elle n'est pas conforme au droit romain. Mais qu'importe? Ce n'est pas de la loi romaine qu'il s'agit ici, mais de la jurisprudence des Parlements. Cette jurisprudence, en ce qui concerne l'incapacité de la femme d'aliéner les biens dotaux, s'était formée sous l'influence de la législation justinienne (Loi 30 *de Jure dot.* Novelle 61) qui tendait à environner la dot des garanties les plus énergiques. La loi Julia n'arrêtait pas les Parlements : au-dessus du texte qui leur était contraire, ils plaçaient l'idée de la loi, c'est-à-dire la conservation de la dot à laquelle se rattachait l'intérêt de la famille et de l'Etat.

Déjà même dans l'ancien droit, on se préoccupait de ce fait qui a si fortement impressionné la jurisprudence moderne : c'est que les dots consistent surtout en deniers. Nous lisons en effet dans Henrys : « outre qu'à présent, la dot étant le plus souvent constituée *en deniers*, et cette constitution tenant lieu de légitime, et de la portion d'une succession future qui serait due en corps héréditaire, cette subrogation la doit faire censer de même nature, et rendre la prohibition de la loi générale, puisque autrement, la dot de quelque femme exceptée, presque toutes les autres se trouveraient indotées par la fragilité du sexe et

(1) Parlement de Toulouse, de Grenoble et même d'Aix.

l'autorité que les maris ont sur elles (1). » Combien ces considérations ont aujourd'hui plus de puissance !

Nous croyons donc fermement à l'exactitude du double résultat auquel nous sommes parvenu, et que nous venons de signaler.

Dès-lors, il est aisé de voir qu'aucun des trois systèmes qui se disputent aujourd'hui l'influence à l'Ecole et au Palais, ne peut revendiquer, à son profit exclusif, l'autorité de l'ancien droit. Le premier système, d'accord avec les Parlements qui admettaient l'inaliénabilité absolue de la dot, se heurte à l'opinion de ceux qui accordaient au mari la libre disposition du mobilier dotal. — Le second système, déclarant en principe la dot mobilière aliénable aussi bien par la femme que par le mari, choque toutes les opinions autrefois reçues. Enfin, le système de la jurisprudence se rencontre avec tous les Parlements, en ce qu'elle déclare la femme incapable de compromettre sa dot pendant le mariage ; mais elle se trouve en désaccord avec ceux qui admettaient l'inaliénabilité absolue.

En résumé, le premier et le troisième système sont ceux qui se rapprochent le plus de l'ancien droit écrit ; le second est celui qui s'en écarte le plus. Et c'est la raison, la seule qui nous le fait repousser tout d'abord. Nous avouons qu'il nous en coûte de le sacrifier : car c'est celui qui devrait, croyons-nous, s'imposer aux préférences du législateur, si la loi était à faire. Mieux que les autres, il respecte les droits du propriétaire, et se prête aux rapides mouvements de la fortune mobilière. Il est d'une simplicité remarquable, tandis que les autres sont plus ou moins

(1) Henrys, t° II, liv. IV, quest. 8, page 184 et suivantes.

compliqués. Enfin alors que ceux-ci font des efforts incroyables, et, selon nous, infructueux, sinon pour s'assurer l'autorité des textes, au moins pour la neutraliser, il se concilie très-facilement avec les articles du Code.

Et cependant nous croyons qu'il faut repousser ce système, malgré sa simplicité, malgré ses avantages.

C'est en vain qu'on nous dit : l'inaliénabilité est une exception rigoureuse; elle ne peut être admise que sur un texte formel. Or, le code n'a proclamé que l'inaliénabilité des immeubles : donc les meubles restent sous l'empire du droit commun, et sont aliénables.

Nous répondons : sans doute il n'est pas permis d'introduire une exception au droit commun pour des raisons plus ou moins plausibles; mais il n'est pas permis non plus, comme le font nos adversaires, de faire dire au législateur le contraire de ce qu'il a voulu dire : dans les deux cas, on n'interprète pas la loi, on la fait. Or, à quoi se réduit le raisonnement qu'on nous oppose? il se résout en un simple argument *a contrario*. Mais est-ce de l'arrangement tout matériel des textes, ou de la pensée du législateur, qu'un pareil argument tire sa force? Evidemment, c'est de la pensée du législateur.

Eh bien! quelle est-elle?

Le législateur a voulu établir le régime dotal, tel qu'il se pratiquait dans les pays de droit écrit : voilà quelle a été sa pensée! Nous le disons avec une conviction profonde.

Et maintenant, voici la preuve. — Dans la fameuse discussion d'où le régime dotal, après une lutte très-vive, sortit victorieux, M. Portalis disait : « Si la dot est déclarée aliénable, le *système des pays de droit écrit* est entièrement sacrifié (1). » Le consul Cambacérès s'exprimait plus clairement encore : « Il ne voyait même pas l'utilité des articles destinés à fixer le *système du droit écrit.* Les parties pourront prendre *le droit écrit* pour règle de leur mariage. Il n'est pas besoin pour cela d'*en insérer les dispositions* dans le code civil (2). » Et dans la séance du 11 brumaire an XI, le même Cambacérès ayant fait observer que les exceptions au principe de l'inaliénabilité étaient formulées dans l'article 168 (1558 du code) d'une manière trop vague et trop générale, M. Portalis répondit que la section *s'en était référée à la jurisprudence pour l'explication de cet article* (3).

Et tout cela est bien rationnel! N'aurions-nous pas les travaux préparatoires, que nous arriverions par une induction naturelle et forcée au même résultat. Ce sont, en effet, les jurisconsultes du Midi qui ont demandé et obtenu le maintien du régime dotal. Eh bien! serait-il possible d'imaginer que ces jurisconsultes, praticiens éminents, connaissant parfaitement cette jurisprudence des Parlements méridionaux qu'ils avaient toujours vu fonctionner sous leurs yeux, eussent voulu s'en séparer sur la question si grave de l'inaliénabilité de la dot mobilière. Une telle supposition, contredite d'ailleurs par les faits, serait contraire au plus simple bon sens.

Il nous parait donc certain, incontestable, que le législateur a entendu reproduire le système des pays

(1) Locré, t. XIII, p. 206 et suiv.
(2) Id. loc. cit.
(3) Id. t° XIII, p. 231.

de droit écrit; et quand la loi est vague ou même muette, comme dans notre question, c'est à lui que nous devons nous référer, suivant les paroles de Portalis.

Ce raisonnement, dont l'exactitude nous semble évidente, condamne le second système.

Restent le premier et le troisième. Lequel des deux faut-il adopter? Ce point n'est pas le moins délicat d'une matière déjà si délicate. Car, ce n'est pas comme tout à l'heure, au nom du droit ancien que nous pourrions faire le sacrifice de l'un ou de l'autre ; tous les deux, nous l'avons vu, peuvent à juste titre s'en prévaloir. Donnerons-nous la préférence à celui qui était reçu par l'usage le plus général? Mais ici encore, il y aurait matière à discussion. Certes, nous regrettons que les jurisconsultes du Midi se soient bornés à demander sommairement la restauration du droit écrit; l'unité de la législation qu'ils réalisaient par la confection du Code leur imposait le devoir, au moins sur les questions importantes comme la nôtre, de choisir entre les différents usages des Parlements celui qui s'accommodait le mieux aux idées et aux mœurs de l'époque. Ils ne l'ont pas fait; peut-être une pareille tâche leur a-t-elle paru trop difficile; peut-être aussi, et c'est là, croyons-nous, la verité, leur attention ne s'est pas fixée sur cet objet.

Dès-lors, nous inspirant de la pensée générale du législateur, nous devons faire ce que la logique et le bon sens lui commandaient : nous devons choisir entre les deux systèmes qui se trouvent en présence, celui qui, sans s'écarter du droit ancien, répond le mieux à l'état présent de la société.

La question ramenée à ces termes est résolue. Nous optons pour le système de la jurisprudence.

Ce système, en effet, aussi bien que le premier, conserve au régime dotal son caractère de protection; il tient compte d'un fait économique important, l'accroissement de la richesse mobilière, et n'aboutit pas à ce résultat absurde, de protéger la femme qui apporte en dot une cabane et un arpent de bruyère, et de laisser sans défense celle qui possède cent mille livres de rentes en capitaux mobiliers.

Mais il a sur le système de l'inaliénabilité absolue un immense avantage : en permettant au mari d'aliéner individuellement les meubles dotaux, les créances dotales, il évite l'immobilisation des capitaux, il facilite l'administration du mari, ouvre une libre carrière à l'esprit de spéculation et d'entreprise, et favorise le développement des fortunes particulières au profit de la richesse nationale.

Voilà les motifs sérieux qui nous font préférer le système de la jurisprudence.

Mais nous n'approuvons pas toutes les raisons qu'elle donne pour l'appuyer. Ainsi quand pour justifier sa doctrine, elle a recours aux articles 1541, 1554, 1555, 1556, 1558, 1564, etc., nous croyons sincèrement qu'elle s'égare. Les rédacteurs de 1804, nous l'avons vu, tout en manifestant l'intention de conserver le système des pays de droit écrit, n'ont pas jugé à propos d'entrer dans les détails. Dès lors, il faut renoncer à trouver dans le Code des arguments à l'appui d'une opinion sur laquelle les rédacteurs du Code ne se sont pas expliqués d'une manière spéciale. C'est précisément parce qu'il a la prétention de s'asseoir exclusivement sur les textes, que nous repoussons le système de l'aliénabilité. A notre tour, ne tombons pas dans la même erreur; d'autant mieux qu'en nous plaçant sur ce terrain, notre défaite serait certaine.

Comment! le législateur, à tort ou à raison, n'a pas cru devoir entrer dans les détails de l'ancienne pratique; il a passé notre question sous silence, et c'est dans les articles du Code que l'on voudrait trouver des arguments! Mais il est certain que les articles 1554 et suivants n'ont en vue que les immeubles. Vouloir placer dans l'article 1554 la raison de l'inaliénabilité de la dot mobilière, c'est imiter les Parlements qui basaient la même doctrine sur la loi Julia! Et d'ailleurs si on invoque l'article 1554, il faut être logique ; il faut admettre, pour les meubles, la même inaliénabilité que cet article édicte pour les immeubles : il faut dire en un mot que les meubles constitués en dot ne peuvent être aliénés pendant le mariage ni par le mari, ni par la femme, ni par les deux conjointement! Mais alors votre système ne se soutient plus; car, vous ne devez pas l'oublier, tout en mettant la femme dans l'impuissance de perdre sa dot, il permet néanmoins au mari l'aliénation du mobilier?

C'est à ce résultat, fatal pour elle, qu'aboutirait nécessairement la jurisprudence, si elle persistait à vouloir s'étayer sur les articles du Code. — Mais, nous dira-t-on, si nous ne pouvons invoquer l'autorité des textes, que devient notre doctrine ? Elle est ruinée ! Nullement.

Qu'importe, en effet, que nous soyons dans l'impossibilité de citer des textes positifs en notre faveur, si nos adversaires sont également impuissants à en citer contre nous. Car, aucun article, aucun, ne condamne directement notre système. On ne peut faire valoir contre lui qu'un argument *à contrario* tiré du silence du Code, et nous savons quelle est la valeur de cet argument. Nous croyons avoir déjà suffisamment démontré son inanité, pour nous dispenser d'insister encore.

Le seul, le véritable argument de la jurisprudence, c'est, nous voulons le répéter à satiété, l'intention non équivoque du législateur de maintenir le système des pays de droit écrit. C'est l'argument que nous trouvons en tête du fameux arrêt de 1819, c'est celui qui se retrouve au fond de toutes les décisions. Et nous voyons avec plaisir que les arrêts les plus récents, négligeant de faire appel aux articles du Code, se contentent de tenir à peu près le langage de l'arrêt du 11 novembre 1867 : « Attendu que, dans le système du régime dotal, la dot mobilière, comme la dot immobilière, est protégée par des garanties destinées à en assurer la conservation ; que ces garanties diffèrent toutefois suivant la nature des biens dotaux... etc. »

Si toutefois il se trouve des personnes qui croient nécessaire pour donner à un arrêt quelque valeur juridique, d'y faire figurer un texte de loi, nous pensons qu'elles pourraient mettre en avant, dans l'intérêt de notre système, les articles 1543 et 1541.

L'article 1543 leur fournirait une induction puissante en faveur de l'inaliénabilité de la dot mobilière. D'après cet article, en effet, la dot ne peut être constituée, ni même augmentée pendant le mariage. En ce qui regarde les époux, cette prohibition n'est que l'application de l'article 1395. Mais l'article 1543 va plus loin : il atteint même les tiers; il renforce la règle de l'article 1395 qui, sous le régime de communauté, concerne seulement les époux (art. 1401 1°, c. c.). Pourquoi cette sévérité plus grande sous le régime dotal? On n'en peut donner qu'une explication : c'est que tout bien qui devient dotal, devient par cela même inaliénable. Or, l'inaliénabilité est une exception grave au droit commun; on a bien pu la tolérer au moment du contrat, parce qu'alors il fallait favoriser le mariage. Mais dès que le mariage est célébré, il n'existe plus de raison pour qu'on la tolère encore.

Si c'est là la véritable explication de l'article 1543, et il serait difficile d'en donner une autre; si le législateur a prohibé la constitution ou l'augmentation de la dot pendant le mariage, parce que ce serait établir ou aggraver une exception au droit commun : l'inaliénabilité, nous devons conclure logiquement que, dans la pensée du rédacteur de cet article, les meubles dotaux sont couverts par la garantie de l'inaliénabilité. Car l'article 1543 est conçu dans la forme la plus générale : il ne parle pas des immeubles, mais de la *dot.*

Avec l'article 1541, on pourrait raisonner ainsi : le législateur a voulu assurer la conservation de tout bien dotal. Or, d'après l'article 1541, *est dotal tout ce que* la femme se constitue, sans distinction de meubles ou d'immeubles. Donc les meubles aussi bien que les immeubles doivent être conservés à la femme, et comme le législateur n'a expressément indiqué pour les meubles aucun moyen de conservation, il faut, conformément à sa volonté du reste, s'en référer sur ce point aux anciennes pratiques des Parlements.

SECTION III

Conséquences pratiques du système de la jurisprudence.

1° *A l'égard du mari.*

Le mari, pendant le mariage, a la libre disposition du mobilier dotal : voilà le principe. C'est ici qu'apparaît manifestement la supériorité de la jurisprudence sur le système de l'inaliénabilité absolue. Car enfin, de quel droit ce dernier système confère-t-il au mari la faculté de disposer du mobilier de sa femme ? Il va être fort embarrassé, lui qui n'admet qu'une autorité, celle des textes et celle des principes dérivant de ces textes. Si nous consultons la loi, nous voyons qu'elle a dans l'article 1549 énuméré en détail les attributions du mari, mais qu'elle n'a pas dit mot du pouvoir d'aliénation. Si nous consultons les principes, nous rencontrons l'article 1988 qui s'exprime ainsi : « le mandat conçu en termes généraux, n'embrasse que les actes d'administration. S'il s'agit d'aliéner ou d'hypothéquer ou de quelque autre acte de propriété, le mandat doit être exprès. » Or, certainement, à l'égard de la femme, le mari joue le rôle d'un mandataire légal et général. Donc, lorsque ce système accorde au mari, à l'exclusion de la femme, la faculté d'aliéner les meubles dotaux, il n'interprète pas la loi, comme il le prétend, il la fait. L'opinion de la jurisprudence, au contraire, a une base légale, juridique : la volonté du législateur et la tradition de l'ancien droit écrit.

Ce n'est pas tout, M. Marcadé, un des plus vaillants partisans de l'aliénabilité, refuse à la femme le pouvoir d'aliéner le mobilier dotal, parce qu'elle est incapable d'exercer « un droit qui a été transmis au mari. »

Cela se comprend, si l'on accepte le système de M. Marcadé. Car, en aliénant les objets mobiliers de la dot, elle userait d'un droit qui appartient au mari seul. Mais l'auteur que nous combattons ne s'arrête pas là : il défend également à la femme de renoncer à son hypothèque légale (1), d'y subroger un tiers (2). Pourquoi ces prohibitions? Est-ce que la femme, en faisant les actes que nous venons d'énumérer, usurpe un droit du mari? Mais le mari n'a pas, que nous sachions, le droit de renoncer à l'hypothèque de la femme, ou d'y subroger. D'ailleurs, en fait, de tels actes ne gênent en rien l'administration maritale, car ils ne sortent à effet, qu'au moment où cette administration prend fin, c'est-à-dire à la dissolution du mariage ou à la séparation de biens.

Et les engagements contractés par la femme, M. Marcadé les frappe aussi de nullité (3). Pourquoi? Est-ce parce qu'ils constituent une aliénation indirecte du mobilier dotal, aliénation qui peut être faite par le mari seul? Mais nous répondrons qu'il résulte de là seulement que ces engagements ne seront pas exécutoires sur les meubles dotaux pendant l'administration du mari. Pour soutenir qu'ils ne pourront être exécutés, même après que les droits du mari auront cessé d'exister, il faudrait, ou bien que la femme fût frappée d'une incapacité légale de s'obliger, ce

(1) En tant que cette hypothèque garantit les meubles dotaux, bien entendu.

(2) Marcadé, sur l'art. 1554.

(3) Id.

qui n'est pas, car le S. C. Velléien a été aboli, ou bien que les meubles dotaux fussent en soi inaliénables, ce que n'admet pas M. Marcadé. Nous sommes étonné que ce savant et judicieux auteur n'ait pas aperçu les objections qui s'élevaient contre sa doctrine, objections que personne, à notre connaissance, n'avait encore formulées, mais qui nous paraissent exactes. Le seul auteur, parmi ceux qui ont professé l'aliénabilité de la dot mobilière, qui ait montré quelque logique, c'est Toullier : il reconnaît à la femme autorisée de son mari ou de justice, le pouvoir d'aliéner les meubles dotaux qui sont sa propriété. Quant au mari, il lui concède bien le droit de faire de semblables aliénations, mais à la condition d'obtenir le consentement du propriétaire, c'est-à-dire de la femme (1).

Pour nous, le principe est que le mari a la libre disposition du mobilier dotal.

En conséquence, il peut disposer des créances dotales, alors même qu'elles ne sont pas actuellement exigibles (2).

Il peut renoncer purement et simplement, et sans com-

(1) Voir *Suprà*, page

(2) Cass., Ch. civile, 12 août 1846, Sir. 46, 1, 602. — Cass., civile, 92 août 1848, Sir. 48, 1, 721. Paris, 18 décemb. 1849; Caen, 13 juillet 1848, et Bordeaux 1849, Sir. 50, 2, 97 à 103. — Bordeaux, 18 février 1850, Sir., 50, 2, 329. — Cass., 26 août 1851, Sir., 51, 1, 805. — Paris, 14 janvier 1854, Sir., 54, 2, 90.

Quelques arrêts s'appuient sur ce motif que le mari est *maître* du mobilier. C'est une erreur. Nous avons déjà prouvé que la femme a la propriété pleine et entière des biens dotaux. — D'autres arrêts se bornent à dire que le mari, en vertu de son droit d'administration, doit avoir nécessairement la faculté d'aliéner le mobilier. Cette simple affirmation, nous l'avons déjà fait observer, est contraire à la rigueur des principes. Il faut dire, pour se mettre à l'abri de la critique, que les rédacteurs du Code, en manifes-

pensation, à la priorité attachée à une créance dotale (1).

Si le débiteur d'une créance dotale garantie par une hypothèque est en faillite, le mari peut, en participant au concordat, renoncer à cette hypothèque et consentir à la réduction de la créance (2).

Il est bien entendu que si les ventes et cessions de créances dotales, passées par le mari étaient entachées de fraude, et que la complicité des tiers fût établie, la femme serait autorisée à demander la révocation de ces actes, au cas où il en résulterait pour elle un préjudice quelconque, par exemple, en cas d'insolvabilité de son mari (3).

2° *A l'égard de la femme.* — La femme dotale, avons-nous dit avec la jurisprudence, est dans l'impuissance légale de compromettre sa dot mobilière.

En conséquence, la femme ne peut renoncer à l'hypothèque légale, y subroger un créancier du mari, ni même céder la priorité de son rang (4).

Elle ne peut céder ses reprises, ou y renoncer. Elle ne peut pas même, au moins avant la séparation de biens, recevoir le remboursement des créances dotales : le payement qui lui en serait fait, ne serait pas libératoire (5).

tant l'intention de se référer à la jurisprudence de l'ancien droit écrit, ont voulu, conformément à ce droit, étendre jusqu'à l'aliénation le pouvoir d'administration conféré au mari. C'est toujours à cette idée qu'il faut remonter.

(1) Cass., *Requêt.*, 1er août 1866, Sir., 66, 1, 363.

(2) Cass., 26 août 1851, Sir., 51, 1, 805.

(3) Cass., chambre civile, 26 mars 1855, Sir., 55, 1, 481.

(4) Paris, 10 août 1831, Sir., 31, 2, 289. — Cass., req., 26 mai 1836, Sir., 36, 1, 175. — Cass. civil., 2 janvier 1837, Sir., 37, 1, 97.

(5) Cass., 23 août 1854, Sir., 55, 1, 104. — Cass., 12 janvier 1857, Sir., 57, 1, 349.

Elle est également incapable de faire une transaction ou un compromis sur ses droits dotaux mobiliers.

Nous réservons une étude spéciale à l'effet des obligations contractées par la femme durant le mariage sur les meubles dotaux.

Au reste, les exceptions apportées au principe de l'inaliénabilité des immeubles par les articles 1555 et suivants, s'appliquent également à la dot mobilière. Cela est conforme à la jurisprudence des pays de droit écrit.

Ce qu'il y a de curieux, c'est que les anciens auteurs ont appliqué à l'inaliénabilité du bien dotal, les exceptions qu'apportait la loi romaine à la défense faite au mari de restituer la dot pendant le mariage. A Rome, en effet, le mari était propriétaire de la dot, et sauf dans certains cas exceptionnels, il lui était interdit d'en faire à la femme une restitution anticipée. Dans le droit écrit, le mari est encore appelé le maître de la dot, mais c'est une fiction : le propriétaire véritable, naturel, c'était la femme. Dès lors la défense faite au mari de restituer la dot, et les exceptions mises à cette défense, n'avaient plus de raison d'être : le moyen, en effet, de rendre à la femme une dot qui n'a jamais cessé de lui appartenir? Ainsi s'explique que les anciens auteurs aient transporté à la prohibition d'aliéner les exceptions que la loi romaine faisait à la prohibition de restituer.

Ils décidaient notamment que la dot pouvait être aliénée pour fournir des aliments à la famille, pour racheter le mari de prison (1).

(1) Chabrol, *Coutume d'Auvergne*, chap. 14, art. 3. — Despeisses, t° 1, titr. 5, sect. 3, n° 94. — Roussilhe, *De la Dot*, n° 416.

Ils enseignaient aussi que la femme peut aliéner ses biens dotaux pour la dot de ses filles : c'était un point universellement admis.

Les époux doivent obtenir l'autorisation de justice pour procéder à la vente du mobilier dotal, dans les cas exceptionnels indiqués par l'article 1558. — Sans doute, le mari pourrait aliéner sans autorisation ; mais alors nous serions dans un cas d'application, non de l'article 1558, mais de l'article 1549. Et voici la différence. Quand le mari aliène en vertu de ses pouvoirs d'administrateur, tels que nous les comprenons, il reste soumis au recours de sa femme ; comme l'a très-bien dit un arrêt de la cour suprême, la propriété de l'objet aliéné se transforme pour la femme en une créance contre le mari. Au contraire, quand ce dernier, se trouvant dans un des cas prévus par l'article 1558, obtient l'autorisation de justice, il n'a plus de recours à craindre : le bien ainsi aliéné se trouve définitivement retranché du capital de la dot (1).

D'après M. Troplong (n° 3444), l'article 1558 ne s'applique pas à la dot mobilière : car il exige des formalités d'affiches et d'enchères, formalités qui ne peuvent concerner les meubles. Cette raison n'est rien moins que décisive. Est-ce que les mêmes formalités sont nécessaires pour l'hypothèque du fonds dotal ? Et cependant, M. Troplong (n° 3446) soutient énergiquement que l'hypothèque

(1) Nous réfutons ainsi le n° 3444 du *Contrat de mariage* de M. Troplong. Au reste, ce célèbre jurisconsulte ne nous paraît pas avoir bien compris la doctrine de la Jurisprudence : il la confond très-certainement avec le système de l'inaliénabilité absolue de la dot mobilière.

doit pouvoir être autorisée par justice en vertu de l'article 1558, dans les mêmes cas que l'aliénation.

Les époux ont le droit d'insérer au contrat de mariage des clauses dérogatoires à l'inaliénabilité de la dot mobilière (art. 1557).

L'interprétation de pareilles clauses échappe-t-elle à la censure de la Cour de cassation? Cela dépend du point de vue auquel s'est placé le juge du fait. N'a-t-il considéré que l'intention des parties? Son interprétation, reposant sur un simple fait, ne saurait donner matière à cassation. A-t-il au contraire voulu déterminer en droit le sens juridique d'une expression employée par le législateur et reproduite par les parties dans le contrat de mariage? Sa décision est soumise au contrôle de la cour suprême. Si le juge du fait, par exemple, a décidé que la faculté *d'aliéner* contient implicitement celle d'*hypothéquer* ou bien celle de *renoncer à l'hypothèque légale*, une pareille interprétation serait sujette à cassation. La cour suprême, en effet, pourrait se fonder sur la violation de l'article 1557.

La clause d'un contrat de mariage qui donne à la femme mariée sous le régime dotal la faculté de vendre, d'échanger et d'hypothéquer ses biens dotaux, n'emporte pas nécessairement et de plein droit la faculté de subroger un tiers dans son hypothèque légale (1).

La simple autorisation dans le contrat de mariage, d'aliéner les immeubles dotaux, n'emporte pas pour la femme autorisation d'aliéner sa dot mobilière, ni de subroger un tiers à son hypothèque légale (2).

(1) Cass. civ., 16 décembre 1856, Sir., 57, 1, 582.

(2) Cass., 2 janvier 1837, Sir., 37, 1, 97.

La Cour de cassation a jugé que la réserve qu'une femme mariée sous le régime dotal s'est faite de la faculté de « recevoir, céder, transporter et vendre ses capitaux, rentes, créances et autres valeurs mobilières sans remploi », n'emporte pas pour cette femme, le droit de céder ses reprises dotales et de consentir une antériorité et subrogation dans son hypothèque légale, comme garantie d'un emprunt contracté par elle conjointement avec son mari. — Cette décision ne nous paraît pas fondée. Sans doute, sous le régime dotal, toute clause qui déroge à l'inaliénabilité, forme une exception au droit commun, et doit, en conséquence, être interprétée rigoureusement. Mais il ne faut pas non plus aller contre l'intention évidente des parties, et c'est ce qu'a fait, selon nous, la Cour de cassation dans l'espèce que nous venons de rapporter. En ce qui concerne l'aliénation des meubles, le contrat de mariage renfermait les expressions les plus larges et donnait clairement à entendre que la femme avait voulu se réserver le droit de faire du mobilier dotal tel usage qui lui conviendrait. Dès lors, sous quel prétexte pouvait-on refuser à la femme la faculté de céder ses reprises, de renoncer à son hypothèque légale et d'y subroger? Est-ce que la créance en restitution n'est pas une valeur mobilière? (Art, 529, c. c.) Il y a plus, dans la doctrine de la Cour de cassation, la clause que nous examinons est à peu près sans utilité pour la femme. Car l'inaliénabilité, pour elle, consiste précisément en ce qu'elle est incapable de céder ses reprises, de consentir une renonciation ou une subrogation à son hypothèque légale. Dira-t-on que la clause aura l'avantage de permettre à la femme d'aliéner les créances dotales, les meubles dotaux? Mais, le mari seul a ce pouvoir pendant le mariage, et la femme ne saurait l'usurper. Dira-t-on que la stipulation insérée au contrat est faite en prévision de la séparation de biens? Cela n'est pas probable. Il nous paraît donc certain que la Cour de cassation a violé dans l'arrêt précité l'intention bien manifeste des parties (1).

La femme ferait-elle valablement une institution contractuelle sur ses meubles dotaux? Oui, si la disposition s'adressait à un de ses enfants dont elle voudrait favoriser le mariage, non si elle s'adressait à un étranger (2). Dans notre système, en effet, la femme est incapable d'aliéner, à titre onéreux ou à titre gratuit, les biens qui composent sa dot mobilière. Or, il est certain qu'en faisant une institution contractuelle, elle s'enlève la faculté de disposer à titre gratuit des meubles dotaux : sous ce rapport, elle les aliène définitivement. Mais, comme d'un autre côté, elle peut aliéner la dot mobilière pour l'établissement de ses enfants, l'institution contractuelle qu'elle ferait en leur faveur serait parfaitement valable.

SECTION IV

Des effets de la séparation de biens sur la dot mobilière

La séparation de biens survenant au cours du mariage, laisse subsister le régime dotal. C'est là un principe qu'on

(1) M. Gérardin, *Revue critique de la législation*, t° 30, p. 97.

(2) Sur ce point, nous nous écartons de la doctrine généralement admise dans l'ancien droit. Mais nous pensons que les anciens auteurs assimilaient d'une façon trop absolue au legs et à la donation à cause de mort, l'institution contractuelle. Nous croyons qu'à cause de son irrévocabilité, elle a une affinité plus étroite avec la donation entre-vifs.

a essayé de contester autrefois (Toullier, *Droit civil*, tº XIV. pag. 277 et suiv.), mais qui aujourd'hui est universellement accepté.

L'effet capital de la séparation de biens, c'est d'enlever au mari l'administration de la dot, et de la conférer à la femme. Celle-ci pourra donc valablement recevoir le remboursement des sommes dotales, toucher les intérêts des capitaux, les arrérages des rentes, vendre les récoltes, passer des baux, intenter les actions relatives à la dot, y défendre, faire, en un mot, tous les actes que comporte l'administration d'un patrimoine.

L'inaliénabilité de la dot mobilière, telle que nous la comprenons, subsiste après la séparation de biens, puisque le régime dotal continue à produire ses effets. Ainsi la femme, en supposant qu'elle n'ait pas encore exercé ses reprises, ne pourra céder sa créance en restitution contre le mari, renoncer à l'hypothèque légale qui la garantit, ou y subroger.

Mais pourra-t-elle, au contraire, aliéner les meubles dotaux, céder les créances dotales? C'est une question délicate. L'affirmative au premier abord paraît incontestable. Le mari en effet avait la libre disposition du mobilier dotal, en vertu de son droit d'administration; or la femme, après la séparation de biens, succède à ce droit d'administration : donc elle doit avoir les mêmes pouvoirs que le mari.

Telle n'est pas cependant la doctrine de la jurisprudence, et c'est sur ce point qu'elle se sépare nettement du système de l'inaliénabilité absolue. Elle admet qu'après la sędaration de biens, on arrive, comme résultat pratique, à une inaliénabilité identique pour la dot immobilière et pour la dot mobilière (1).

Cette doctrine nous paraît très-logique. Et en effet, quelle est l'idée essentielle de la jurisprudence ? c'est que la femme est dans l'impuissance légale de compromettre sa dot. Or, si les aliénations individuelles de meubles dotaux, permises au mari administrateur, ne portent aucune atteinte à la sécurité de la dot, parce que la femme, à la place des meubles aliénés, acquiert une créance en restitution qu'elle est incapable de perdre, il en est différemment lorsque la séparation de biens est intervenue. Alors toute aliénation de mobilier faite par la femme serait sans compensation, et mettrait la dot en danger : car il ne saurait plus être question de reprises ou de restitution.

Cette solution nous paraît donc en complète harmonie avec les données de la jurisprudence.

Et de plus, elle est conforme à l'esprit qui animait les Parlements de droit civil.

Les interprètes du droit romain avaient admis, par application de la loi 29, *Cod. de jure dot.*, que la femme séparée de biens n'avait pas en général le pouvoir d'aliéner. Ainsi, nous lisons dans Domat : « La femme séparée de biens n'acquiert par la séparation que le droit de jouir de ses biens et de les conserver : mais elle ne peut les aliéner (L. 29, *Cod. de jure dot.*), que, selon que les lois, les coutumes peuvent le permettre (2). » De même Pothier : « Justinianus autem constituit ut eo casu quo maritus « vergit ad inopiam, possit uxor constante matrimonio

(1) Voir *supra*, page 136.

(2) Domat, *Lois civiles*, liv. I, titr. 9, sect. 5, n° 4, p. 170.

« non solum agere adversùs ipsum maritum, sed etiam « adversus alios agere hypothecaria actione, quemad« modum soluto matrimonio potuisset. Præcipit præterea « ut constante matrimonio, mulier cui restituitur dos, « *nihil possit alienare ex rebus dotalibus*, et ut ad onera ma« trimonii reditus impendantur (1). »

Les Parlements, s'inspirant de la loi 29 *de jure dot.*, et de l'interprétation qu'en donnaient les commentateurs, déniaient à la femme séparée le pouvoir d'aliéner les biens dotaux. Ils la considéraient comme un gardien, comme un sequestre : elle devait conserver les biens dans son intérêt, et dans celui de ses enfants et de son mari.

Nous lisons dans Salviat : « La femme séparée de biens a l'administration de ses revenus dont elle devient maîtresse. Mais il ne lui est pas permis de vendre ses immeubles ni ses *capitaux* du vivant de son mari (2). »

Despeisses (*De la Dot*, sect. 2, n° 33, p. 492) n'est pas moins affirmatif. Fromental dit à son tour : « La femme séparée de biens par sentence ne peut aliéner ses biens dotaux (3). » Nous connaissons aussi l'arrêt remarquable cité par d'Olive, et qui fait reposer la nullité d'une donation de somme d'argent faite par la femme sur l'intérêt de celle-ci, motif général, qui persiste pendant toute la durée du mariage (4).

(1) Pothier, *Ad band.*, livr. XXIV, titr. 13, n° 19. — Voy. aussi Brunneman, *Comm. in Cod*, p. 458. — Rogerius, *De dote*, p. 521, n° 40.

(2) Salviat, v° *Dot*, n°s 3 et 4. — *Apostillateur* de Lapeyrère, lettr. R, n° 35, v° la femme qui prétend être remboursée.

(3) Fromental, v° *Séparation*, page .

(4) Voy. aussi Laviguerie, *Arrêts inédits du Parlem. de Toulouse*, t. I, p. 257 et suiv. — Vedel sur Catelan, livr. IV, chap. 45, t° 2, p. 89. —

Nous croyons donc bien fondée la jurisprudence moderne.

En conséquence, un arrêt de la Cour de cassation, rendu toutes chambres réunies, a décidé que la femme séparée qui, par suite de la liquidation de ses reprises, a obtenu un bordereau régulier de collocation pour le montant de sa dot mobilière, ne peut valablement renoncer, moyennant une somme inférieure à celle qui y est portée, au bénéfice de ce bordereau (1).

De même, un arrêt de la Chambre des requêtes du 29 juillet 1862 décide que la femme reprenant sa dot mobilière ne peut l'employer à payer ni les dettes du mari, ni les siennes, même celles qu'elle contracte après séparation (2).

Une femme séparée de biens et admise au passif de la faillite de son mari pour une créance dotale, peut-elle participer au concordat de ce dernier ? Cette participation, en un mot, constitue-t-elle un acte d'administration ou un acte d'aliénation? La Cour de cassation, par arrêt du 11 novembre 1867, a décidé que la femme séparée de biens, en prenant part au concordat de son mari, fait simplement un acte d'administration. C'est qu'en effet, le mari n'est pas libéré envers sa femme par le seul effet du concordat et du paiement des dividendes, comme il l'est envers les autres créanciers : les principes protecteurs de la dot commandent et impliquent la persistance de l'action ou personnelle ou

Julien, *Statuts de Provence*, t. II, p. 570, et *Eléments de jurispr.*, p. 62. — Chorier sur Guy-Pape, sect. 2, n° 6, p. 218, note B.

(1) Cass., 14 novembre 1846, Dall. 47, 1, 27.

(2) Req., 29 juillet 1862, Dall. 63, 1, 166. — Cass. civil., 12 mars 1866, Sir., 66, 1, 159. — Cass., 13 décembre 1865, Sir., 66, 1, 119.

hypothécaire de la femme pour la portion de la dot dont elle n'a pu, à raison de l'état de la faillite, réaliser le recouvrement (1).

Lorsque, après la séparation de biens, le mari donne un immeuble à sa femme en paiement de sa dot mobilière, cet immeuble, en tant qu'il représente la valeur de la dot, est inaliénable. Si les créanciers de la femme viennent à le saisir, elle prélèvera sur le prix de vente, le montant de sa dot mobilière. Si la dot, par exemple, est de 50,000 fr., et que l'immeuble se vende 75,000 fr., les créanciers n'auront que 25,000 fr. à prendre : le reste sera pour la femme. (2)

C'est la même idée que nous retrouvons dans un arrêt de la Cour de cassation du 31 janvier 1842 (3). Après la séparation de biens, une femme avait reçu de son mari deux immeubles en payement de sa dot mobilière. Sans doute ces immeubles n'étaient pas devenus dotaux, mais en tant qu'ils représentaient la valeur de la dot mobilière, ils étaient inaliénables (4). Aussi les acquéreurs qui, au lieu de verser le prix entre les mains de la femme, avaient appliqué ce prix à éteindre, par compensation, des créances qu'ils avaient contre cette dernière, furent-ils placés dans l'alternative, ou de rendre les immeubles ou de les payer effectivement. La compensation n'avait pu se produire valablement parce qu'elle constituait de la part de la femme

(1) Dans le même sens, Cass., 2 mars 1840, Sir., 40, 1, 564. — Rouen, 6 juin 1844, Sir., 44, 1, 180. — Et M. Larroque-Sayssinel, *Faillites et Banqueroutes*, t° 2, sur l'art. 563, n° 20.

(2) En ce sens, arrêt du 18 février 1853, Dall. 54, 2, 230.

(3) Cass., 31 janvier 1842, Sir., 42, 1, 110, et Réquisitoire de M. Troplong.

(4) Inaliénables dans le même sens que la dot mobilière elle-même.

une aliénation prohibée : elle tendait en effet à la déposséder de sa dot mobilière.

Il nous reste à examiner une question importante. La femme séparée qui reçoit de son mari ou d'un tiers le remboursement des créances dotales, est-elle obligée de faire emploi ou de donner caution ?

Si le contrat de mariage contient les classes d'emploi ou de bail de caution, il n'y a pas de doute possible. La femme devra remplir ces conditions, et les tiers seront responsables de leur inexécution.

Mais que décider, lorsque le contrat de mariage n'a rien stipulé ? Faut-il dire que la clause d'emploi est sous-entendue ? La jurisprudence s'est divisée sur cette question. Tandis que la Cour de cassation a constamment jugé que la femme, recevant les sommes et deniers dotaux, n'est pas tenue de faire emploi, les cours impériales ont rendu des décisions divergentes, tantôt dans un sens, tantôt dans l'autre (1). Néanmoins l'opinion de la Cour suprême paraît devoir l'emporter. Il est donc nécessaire de l'examiner avec soin.

La Cour de cassation fait le raisonnement suivant : « La femme succède au droit d'administration qu'avait le mari.

(1) Cass., 25 janvier 1826, Sir., 26, 1, 463. — Cass., 23 décembre 1839, Sir., 40, 1, 246. — Montpellier, 26 novembre 1806, Sir., 7, 2, 55. — Riom, 5 février 1820, Sir., 23, 2, 23. — Caen, 4 juillet 1826, Sir., 26, 2, 25. — Grenoble, 29 mars 1828, Sir., 28, 2, 340. — Bordeaux, 2 août 1813, Sir., 15, 2, 106. — Idem, 19 juin 1834, Sir., 34, 2, 661. — Caen, 9 déc. 1836, Sir., 37, 2, 165.

En sens contraire (dans le sens de l'emploi), Montpellier, 22 juin 1819, Sir., 20, 2, 310. — Idem, 24 mai 1823, Sir., 24, 2, 318. — Idem, 29 novembre 1831, Sir., 32, 2, 471. — Toulouse, 17 mai 1827, Sir., 27, 2, 204. — Limoges, 1er septembre 1834, Sir., 34, 2, 659.

Or le mari administrateur avait la faculté de recevoir le remboursement des créances dotales, sans être obligé de donner caution ou de faire emploi. Donc la femme ne saurait être tenue plus rigoureusement que le mari. » On a remarqué avec raison que la même cour refuse à la femme séparée, reprenant l'administration de la dot, le droit d'aliéner le mobilier dotal, tandis qu'elle accorde ce même droit au mari administrateur. Il y a évidemment une contradiction dans ces deux décisions de la cour suprême. Et cette contradiction acquiert une certaine gravité, lorsqu'on descend au fond des choses. Quel motif, en effet, invoque la Cour de cassation pour priver la femme séparée du droit de disposition qui appartenait au mari sur les meubles dotaux? Ce motif, nous l'avons dit bien souvent, c'est la nécessité de se conformer à l'ancien droit écrit dont les rédacteurs du Code ont eu l'intention de reproduire le système.

Mais alors, pourquoi la Cour de cassation, sur la question qui nous occupe en ce moment, fait-elle infidélité à son principe? Car la jurisprudence des Parlements, variable sur la question de l'inaliénabilité de la dot mobilière, se montrait unanime à exiger de la femme séparée qui recevait des sommes et deniers dotaux, les garanties de l'emploi ou du bail de caution. Les anciens Parlements qui avaient fait sortir de la loi 29, *Cod. de jure dot*, l'incapacité pour la femme d'aliéner la dot mobilière avaient tiré de la même loi la nécessité d'exiger de la femme séparée des garanties spéciales pour la conservation de cette dot.

Nous lisons dans Salviat : « Attesté en 1700 qu'une femme

séparée ou non de biens d'avec son mari ne peut toucher ni recevoir la dot qui lui a été constituée par ses père et mère ou leurs héritiers, à moins que ce ne soit en fonds, ou sous la condition de l'emploi ou du bail à caution. » Cette décision est bien remarquable : la femme reçoit-elle un fonds, on n'exige pas de garanties, car un fonds ne se perd pas facilement; reçoit-elle de l'argent, il faut l'emploi, il faut la caution, car l'argent est chose essentiellement périssable. Les Parlements étaient unanimes à exiger de la femme des garanties exceptionnelles, quand elle recevait sa dot en deniers (1).

Et ce n'est pas seulement en France qu'on décidait ainsi, mais dans tous les pays où le droit romain avait fait sentir son influence. C'est ainsi que le président Fabre (cod. Liv. 5 tit. 7, pages 511 et 518) enseignait que la femme dont le mari est devenu pauvre, ne peut même avec le consentement du mari ou de ses créanciers, recevoir sa dot en argent, *quia fragilis et lubrica res est pecunia quæ facile perdere potest.* Le langage de Fontanella mérite

(1) Dans le Parlement de Toulouse, la femme séparée ne pouvait toucher sa dot en *argent*, qu'à la charge d'un placement ou d'un bail de caution. On ne dispensait la femme de ces formalités, qu'autant que la dot en deniers était modique. (Catelan, livr. IV, chap. 26, t° 2, p. 69 et suiv.) — Graverol sur la Rocheflavin, p. 199. — Serres sur l'art. 9 de l'ordonnance des donations. — Laviguerie, *Arrêts inédits*, t. II, p. 155.

Dans le Parlement d'Aix, on décidait que, lorsque la femme était colloquée pour sa créance en restitution, à défaut d'immeubles, sur les meubles du mari, ces meubles devaient être vendus, et le prix devait en être placé au profit de la femme, afin d'assurer sa dot. — Julien, *Eléments de jurisprudence*, p. 62, et *Statuts de Provence*, t. II, p. 570.

Parlement de Grenoble. — L'adjudicataire des biens du mari, qui payait à la femme sa dot en argent, devait, pour se mettre en sûreté, consigner les deniers entre les mains d'un marchand solvable, qui en payerait à la femme les intérêts. (Chorier sur Guy-Pape, sect. 2, n° 6, p. 218.)

aussi d'être cité (de pact. nupt. p. 421) : « Caveant judi-
« ces ne libere dotis mulieribus, has actiones intentanti-
« bus, tradi mandent, ne in earum damnum cedant, si
« forsan illæ ab uxorum fragilitate amittantur, ipsæ que
« remaneant indotatæ. Hæc infortunia current procul du-
« bio periculo judicis sic dotes mulieribus istis liberantis.
« Expertus loquor, scio quod in multis cathaloniæ parti-
« bus ad hoc parum attenditur, sed libere pecuniæ libe-
« rantur mulieribus quœ postea per virum consumuntur,
« et miseræ uxores vel dotem iterum petunt, vel indota-
« tæ remanent culpâ judicis. »

Il est inutile d'accumuler les témoignages. Il est trop évident que la Cour de cassation s'est mise en contradiction avec elle-même ; qu'il est impossible en droit de concilier les deux opinions qu'elle professe à propos de la femme sur la question de l'inaliénabilité de la dot mobilière d'une part, et sur la question de l'emploi ou bail de caution de l'autre. Sans doute, l'opinion contraire à celle de la Cour suprême offre en pratique de sérieux inconvénients, parce qu'elle est très-gênante pour les tiers et pour la femme elle-même. Mais quand on adopte un principe, il faut avoir le courage de le suivre dans toutes ses conséquences.

Quand bien même on déciderait que la femme, en général, est tenue de l'obligation d'emploi, on a jugé cependant qu'elle devrait être affranchie de cette obligation, dans certains cas spéciaux, par exemple lorsqu'elle touche les intérêts des sommes dotales, ou des valeurs qui représentent des meubles ou effets servant à son usage personnel. Ces décisions nous paraissent bien fondées. En ce qui concerne les objets à l'usage personnel de la femme, il est nécessaire qu'elle en ait la disposition absolue, pour qu'elle en puisse jouir suivant leur destination; et comme leur consommation ou tout au moins leur dépérissement est la conséquence inévitable du service qu'elle en doit obtenir, on ne peut raisonnablement exiger qu'elle fournisse caution de les représenter à une époque quelconque. En ce qui concerne les intérêts, la femme ne saurait être obligée d'en garantir la conservation, car ils sont naturellement destinés à être dépensés à l'entretien du ménage (1).

SECTION V

De l'effet des obligations contractées par la femme pendant le mariage sur les meubles dotaux.

Les obligations que la femme contracte pendant le mariage ne sont pas exécutoires sur les biens dotaux.

D'où vient cette inefficacité qui frappe les engagements de la femme? Provient-elle d'un vice qui aurait son siége dans la personne de l'obligée, ou d'un vice qui affecterait la chose, objet de l'obligation?

M. Gide a examiné cette question dans un travail remarquable publié par la *Revue critique* (1). Pour lui, l'inefficacité de l'obligation tient à l'incapacité personnelle de la femme, et non pas à l'indisponibilité réelle des biens dotaux.

Et voici les conséquences qu'il tire de ce principe :

1° L'obligation contractée par la femme pendant le ma-

(1) Bordeaux, 2 août 1813. — Agen, 28 mars 1832. — Caen, 4 juillet 1821.

(1) M. Gide, *Revue critique*, t° XXIX, p. 78 et suiv.

riage est nulle et demeurera nulle après le mariage dissous, c'est-à-dire alors que les biens dotaux seront redevenus libres.

2° L'obligation contractée par la femme avant le mariage est valable et demeure valable, bien que la femme soumette ensuite son patrimoine au régime de la dotalité.

3° L'obligation née pendant le mariage, en dehors de la volonté de la femme, par suite d'un délit, quasi-délit, ou quasi-contrat, est valable et exécutoire sur les biens dotaux.

4° La femme une fois veuve peut ratifier l'obligation souscrite pendant le mariage, et qui était entachée d'une nullité relative.

5° L'obligation contractée par la femme durant le mariage étant nulle, dans son principe, reste nulle même après le décès de la femme, et ses héritiers, directs et même collatéraux pourront se prévaloir de cette nullité.

6° Cette obligation reste inefficace même dans le cas où la femme ou ses héritiers après la dissolution du mariage viendraient à échanger les biens qui composaient la dot contre des biens nouveaux.

7° L'obligation souscrite pendant le mariage par la femme qui a constitué tous ses biens en dot, est nulle, *même à l'égard des biens qui viendraient à lui échoir après la dissolution du mariage;*

8° Enfin l'obligation contractée par la femme relativement à l'aliénation d'un bien dotal est nulle, *même en ce qui concerne son bien paraphernal.*

Ces deux dernières conséquences nous paraissent inacceptables et nous font rejeter, au moins dans ses terme absolus, le système de M. Gide.

Mais voyons d'abord les raisons invoquées à l'appui de ce système. Le caractère particulier, distinctif du régime dotal, dit en substance M. Gide, ce n'est pas la destination de la dot: Sous tous les régimes, la dot a pour destination de pourvoir aux charges du ménage. Ce qui caractérise le régime dotal, c'est l'incapacité personnelle de la femme. C'est pour les familles qui se défient de l'inexpérience de la jeune fille ou des habitudes dissipées du jeune homme, que la loi a organisé le régime dotal, régime qui frappe le mari d'impuissance et l'épouse d'incapacité. « La femme qui accepte un pareil régime est censée confesser sa propre incapacité naturelle et appeler au secours de sa faiblesse la protection de la loi. Le régime dotal est donc aujourd'hui ce qu'il a été dans tous les temps, un secours offert à la faiblesse de la femme, « fragilitati uxoris, ma- « riti seductionibus facilè deceptœ, et propria negligentis « jura. » En un mot, le sénatus-consulte Velléien est le complément nécessaire du régime dotal : ces deux institutions, l'histoire l'atteste, ont toujours marché ensemble ; et le sénatus-consulte Velléien, bien qu'il ait été banni du Code, s'y est introduit secrètement « sous le manteau de l'inaliénabilité dotale. »

Oui, à Rome et dans l'ancien droit écrit, le sénatus-consulte Velléien figurait à côté de la loi Julia. Mais la doctrine de M. Gide nous paraît dépasser les bornes mises à la capacité de la femme par la loi romaine et par notre ancienne jurisprudence. A Rome, en effet, même à l'époque de Justinien, la femme était capable de contracter pendant le mariage des obligations exécutoires sur les biens dotaux. Une femme, par exemple, empruntait de l'argent qu'elle dépensait à son usage personnel : il n'y avait pas *intercessio*, et quand le mariage prenait fin, rien n'empêchait le créancier de se payer sur la dot dont la femme avait opéré le recouvrement. Dans l'ancien droit écrit, jamais on n'a songé à soustraire aux poursuites des créanciers de la femme les biens qui *n'avaient jamais été dotaux*, les biens qui entraient dans le patrimoine de la femme après la dissolution du mariage.

Lisez cet arrêt rapporté par Henrys : « La Cour a déclaré et déclare tous les biens *constitués en dot* à ladite Feron (veuve Mamejan) par son contrat de mariage, soit les immeubles qui lui peuvent avoir appartenu lors de son contrat de mariage, ou les biens mobiliers à elle aussi appartenant, dont elle pourra justifier *que son dit mari a été chargé* avec l'augment à elle accordé par ledit contrat, et tous les intérêts pour ce dûs, échus ou à échoir, non sujets aux dettes et hypothèques par elle contractées pendant ledit mariage, sans que les créanciers de ladite Feron, pour raison des dettes ainsi contractées, aient pu valablement pendant la vie dudit Mamejan ou depuis son décès, puissent ci-après la troubler ou empêcher en la propriété et jouissance *desdits biens dotaux*, augment et intérêts, ni la contraindre par corps pour ce regard, sauf à eux à se pourvoir *sur les autres biens* de ladite Feron, *non dotaux* qui lui peuvent ou pourraient appartenir. Prononcé le 18 mai 1657 (1). »

Roussilhe rapporte également un arrêt, non moins si-

(1) Henrys, *quest.* 141, p. 777.

gnificatif. Après avoir cité l'article 3 du titre XIV de la coutume d'Auvergne, il ajoute : « L'annotateur de Prohet sur cet article dit que, suivant la jurisprudence, les contrats qui contiennent aliénation sont déclarés nuls sans qu'il soit besoin de lettres de rescision, et cite un arrêt de mars 1738. Cet arrêt fut rendu entre la veuve Payé, domiciliée en Auvergne, et la veuve Cussières, sur l'appel d'une sentence de la sénéchaussée de Clermont, qui entérinait les lettres de rescision que la veuve Payé avait prises contre un contrat de constitution de rente, qu'elle et son mari avaient consenti au profit du sieur Cussières, fondée sur les lois citées. L'arrêt infirma la sentence, en ce qu'elle avait entériné les lettres, émendant sans s'arrêter aux lettres, déclara nul le contrat de rente en ce qui concerne *les biens dotaux* de la femme obligée avec son mari (1). »

Il résulte de ces documents que, dans l'ancien droit, les obligations contractées par la femme pendant le mariage, étaient nulles seulement quant aux *biens dotaux*, quant aux biens qui, à un moment quelconque du mariage, avaient été marqués de l'empreinte de la dotalité.

Eh bien, M. Gide va plus loin que le droit romain, plus loin que l'ancienne jurisprudence, et cela sous une législation qui a supprimé le sénatus-consulte Velléien, et qui déclare la femme pleinement capable de s'obliger avec l'autorisation du mari ou de justice! (art. 215, 1124, 1125, c. c.). Il enseigne que les engagements consentis par la femme pendant le mariage ne pourront être exécutés,

(1) Roussilhe, *De la Dot*, t° I, p. 436.

même après le mariage dissous, sur des biens qui n'ont jamais été dotaux.

Il nous paraît donc impossible d'accepter les deux dernières conséquences que M. Gide, très-logiquement du reste, fait découler de l'incapacité personnelle de la femme dotale.

Allons-nous donc adopter le point de vue opposé et dire que l'inefficacité des engagements souscrits par la femme durant le mariage a pour cause l'indisponibilité réelle des biens dotaux? Non; ce serait se jeter dans un excès contraire. Car, dans cet ordre d'idées, il faudrait admettre que les obligations dont la femme se trouve tenue par suite d'un fait indépendant de sa volonté, délit, quasi-délit, et même certains quasi-contrats, ne sont pas susceptibles d'exécution sur les biens dotaux. Il faudrait admettre encore que l'inaliénabilité étant le seul obstacle à l'exécution de l'obligation, rien ne s'oppose plus à la poursuite des créanciers, lorsque cet obstacle est levé, c'est-à-dire alors que le mariage a pris fin. Car avec lui cesse l'inaliénabilité. Cette dernière décision est contraire à l'esprit et au but du régime dotal ainsi qu'à la tradition. Car, si dans l'ancien droit écrit, quelques auteurs, comme Despeisses et Rousssau de Lacombe, son annotateur (1), autorisaient les poursuites des créanciers sur la dot, après la dissolution du mariage, le plus grand nombre embrassait l'opinion contraire (2).

(1) Despeisses, *Tit. de la Dot,* sect. 2, n° 2. — Lacombe, *Tit. de la Dot,* sect. 3, n° 6.

(2) Henrys, liv. IV, quest. 141. — Boucheul, *Coutume de Poitou,* art. 230, nos 58 et suiv. — Aguier, *Arrêts notables,* t. I, p. 98. — Brodeau sur Louet, let. D, chap. 12. — Roussilhe, *De la dot,* t. I, p. 436.

Que résulte-t-il des développements qui précèdent? C'est qu'il ne faut adopter aucune des deux théories absolues dont nous venons de montrer les conséquences.

Pour rester dans la vérité, il ne faut pas perdre de vue les principes essentiels du régime dotal. Qu'a voulu la loi en organisant ce régime? Qu'ont voulu les parties, en l'adoptant dans leurs conventions matrimoniales? Elles ont voulu que la fortune, ou une portion de la fortune de la femme, se conserve intacte à travers toutes les vicissitudes, non pas seulement pour subvenir aux besoins du ménage, mais aussi et surtout pour que la femme et les enfants ne se trouvent pas, à la dissolution du mariage, dénués de toute ressource. La dot, selon l'énergique langage de Henrys, doit être pour eux une dernière table après le naufrage. Voilà le but qu'on s'est proposé : et, pour l'atteindre, on a soustrait la dot à toutes les causes de perte ou d'amoindrissement qui pourraient provenir, non du hasard ou de la mauvaise fortune, mais de la *volonté des époux*. On s'est méfié un peu du mari, dont les pouvoirs sur les biens dotaux sont véritablement exorbitants; on s'est méfié surtout de la femme, incapable de résister aux séductions ou aux menaces du mari, portée naturellement au dévouement et aux sacrifices, et exposée à payer un entraînement passager de la perte de sa fortune. Et c'est pour cela qu'on les a mis tous les deux dans *l'impuissance* de perdre la dot.

Ainsi, d'une part, les biens dotaux doivent être conservés; d'autre part, la femme ne *peut* les compromettre. L'inaliénabilité de la dot est parallèle à l'incapacité de la femme. L'une n'est pas la cause et l'autre l'effet : toutes deux subsistent côte à côte, sans que l'une absorbe, ou domine l'autre : elles sont nées ensemble, elles vivent ensemble pendant toute la durée du mariage, se combinant et se complétant mutuellement (1).

L'application de ces idées nous conduit sans difficulté aux résultats suivants :

1° L'obligation contractée par la femme pendant le mariage ne peut se poursuivre, après le mariage dissous, sur les biens qui étaient dotaux et qui sont redevenus libres. Si une pareille poursuite était possible, le but du régime dotal serait manqué, la loi du contrat de mariage violée : car la dot n'aurait pas été conservée. Qu'importerait, en effet, que l'obligation de la femme ne pût être exécutée pendant le mariage, si elle pouvait l'être après : la perte de la dot ne serait pas empêchée, elle ne serait que différée.

2° L'obligation souscrite par la femme avant le mariage est valable et exécutoire sur les biens dotaux. Car au moment où l'obligation a pris naissance, il n'y avait ni dot à conserver, ni femme incapable de la perdre.

3° L'obligation, née pendant le mariage, d'un fait étranger à la volonté de la femme, délit, quasi-délit, ou quasi-contrat, est valable et exécutoire sur les biens dotaux. L'ordre public exige qu'il soit dérogé à toute règle d'incapacité, lorsqu'il s'agit de délits ou quasi-délits (arg. art. 1310). Quant à la femme, dont les affaires par exemple ont été gérées, elle doit être tenue jusqu'à concurrence de l'enrichissement que lui a procuré la gestion : nul ne doit s'enrichir aux dépens d'autrui.

(1) M. Bertauld, *Questions sur le Code Napoléon.*

4° La femme, une fois veuve, peut ratifier l'obligation souscrite pendant le mariage. Car la nullité n'existait que dans l'intérêt de la femme, et de la conservation de la dot. Or, après le mariage, il n'y a plus de dot, et par conséquent plus de femme intéressée à sa conservation.

5° L'obligation contractée par la femme durant le mariage, reste nulle, même après le décès de la femme, et ses héritiers directs et même collatéraux peuvent se prévaloir de cette nullité. C'est une conséquence logique et inévitable du principe formulé ci-dessus (page 173, 1°).

6° Cette obligation reste inefficace même dans le cas où la femme et ses héritiers, après la dissolution du mariage, viendraient à échanger les biens qui composaient la dot contre des biens nouveaux. — Nous l'avons déjà dit, pour être sérieuse et efficace, la garantie de l'inaliénabilité doit se prolonger au delà du mariage, et protéger les biens qui ne sont plus dotaux, mais qui l'ont été. Cette garantie serait dérisoire, si la femme pouvait l'éluder, en échangeant, contre d'autres biens, les choses qui jadis étaient dotales ; elle serait également onéreuse, car la femme, dans le cas où elle voudrait se soustraire aux poursuites de ses créanciers, serait empêchée de faire des ventes, ou des échanges très-avantageux (1).

7° L'obligation souscrite par la femme pendant le mariage est valable, à l'égard des biens qui viendraient à lui échoir après le mariage dissous. Car relativement à ces biens, jamais la femme n'a été incapable, jamais le prin-

(1) M. Labbé, *Revue critique*, t° IX, p. 1 et suiv.

cipe de la conservation de la dot n'a été mis en cause (1).

8° Pour les mêmes raisons, l'obligation contractée par la femme, relativement à l'aliénation d'un bien dotal, est valable à l'égard d'un bien paraphernal.

Toutes ces décisions sont généralement acceptées et consacrées par la jurisprudence.

SECTION VI

De l'effet de l'inaliénabilité sur les fruits de la dot.

Nous devons, en terminant, dire quelques mots des fruits de la dot.

Entre les mains du mari, les fruits sont de leur nature aliénables. Car, au fur et à mesure de leur échéance, ils entrent dans son patrimoine, et deviennent sa propriété. Mais, d'un autre côté, le mari acquiert les fruits grevés d'une charge spéciale, celle de pourvoir aux besoins du ménage; tant que cette charge n'est pas remplie, les créanciers du mari n'ont aucune action sur les revenus de la dot. La saisie des créanciers ne portera valablement que sur la partie des fruits qui excédera les besoins du ménage. Les tribunaux apprécieront et fixeront cette part. Et même, s'il s'agit de créanciers qui aient contribué directement par leurs fournitures à l'entretien de la famille, comme des boulangers, des bouchers, des maîtres de pension, ils auraient le droit de saisir les revenus de l'année sans limitation. Alors en effet, il est impossible de dire que l'on détourne les revenus de leur destination naturelle. Voilà pour le mari.

(1) M. Demolombe, *Même revue*, t° II, p. 282.

Quant à la femme, la question est beaucoup plus délicate. Il y a d'abord un point certain accepté par les auteurs, et consacré par la jurisprudence, c'est que les obligations contractées par la femme avant ou après la séparation de biens, ne peuvent être ramenées à exécution sur l'*intégralité des revenus de la dot*, après la séparation de biens ou la dissolution du mariage. Cette solution est impérieusement commandée par les principes généraux du régime dotal : d'une part, la dot doit être conservée dans l'intérêt de la famille ; d'autre part, la femme est incapable de la compromettre. Ces principes seraient manifestement violés si la femme pouvait, par les obligations qu'elle contracte, engager d'avance la totalité des revenus de la dot.

Il est encore un autre point que l'on ne discute guère : c'est que les obligations contractées par la femme, en état de séparation de biens, sont alors exécutoires sur *la fraction des revenus excédant les besoins du ménage*. La Cour de cassation qui, après avoir admis cette solution (1), l'avait abandonnée (2), y revient à présent et paraît vouloir s'y tenir (3).

Mais la question douteuse et délicate, c'est celle de savoir, d'une part, si les engagements souscrits par la femme avant la séparation de biens, sont exécutoires sur *l'excédant des revenus*, après cette séparation ; d'autre part,

(1) Cass. civ., 10 janvier 1820, Sir., 20, 1, 152.

(2) Cass. civ., 9 avril 1823, Sir., 23, 1, 331. — Civ. cass., 28 mars 1827, Sir., 27, 1, 299.

(3) Req. rejet., 16 février 1834, Sir., 34, 1, 176. — Civ. cass., 4 novembre 1846, Sir., 47, 1, 201.

si les engagements contractés par la femme, soit avant, soit après la séparation, sont exécutoires sur *l'excédant des revenus*, après la dissolution du mariage.

Nous pensons que l'excédant des revenus, après satisfaction des besoins de la famille doit, dans les cas ci-dessus exprimés, être consacré au payement des dettes contractées par la femme durant le mariage. — Voici le grand, l'unique argument qu'on nous oppose : dans cette doctrine, dit-on, il faudrait pour rester dans la logique, aller jusqu'à dire que les engagements dont il s'agit sont, après le décès de la femme, susceptibles d'être poursuivis sur l'intégralité des revenus des biens dotaux, *puisqu'alors il n'y a plus de ménage* (1). La réponse nous paraît facile. Sans doute, après la mort de la femme, il n'y a plus de ménage, mais il y a encore une famille, il y a un père, il y a des enfants. Or, le but du régime dotal, n'est pas seulement de protéger les intérêts du ménage proprement dit, mais d'assurer à la famille tout entière, et surtout à la mère et aux *enfants*, une dernière ressource en cas de malheur. — Par conséquent, nous croyons ne pas nous écarter du but que se sont proposés, et le législateur en instituant le régime dotal, et les époux en le prenant pour règle de leur union : car, après le décès de la femme, le père et les *enfants* auront leur existence assurée. Nous voulons, en effet, que la partie des revenus nécessaire, non pas à l'entretien du ménage, puisqu'il n'existe plus, mais à l'entretien de la famille qui existe encore, soit soustraite aux poursuites des créanciers.

(1) Zach. Aubry et Rau, § 538, texte n° 2 et note 15, et § 539, note 17.

Mais les principes proctecteurs de la dot n'exigent rien de plus. Pourquoi les exagérer inutilement? Ils sont déjà bien rigoureux, et voilà pourquoi nous permettons la saisie des revenus qui excèdent les besoins de la famille.

POSITIONS

DROIT ROMAIN

I

A Rome, le mari a toujours été le véritable propriétaire de la dot, même sous Justinien.

II

Ni la loi 30 (*cod. de jure dot.*), ni la Novelle 61, n'ont privé le mari du droit d'aliéner les meubles dotaux.

III

L'action en revendication accordée à la femme par la loi 30 (*cod. de jure dot.*), ne s'exerce pas contre les tiers, mais contre le mari seulement.

IV

La femme ne peut pas revendiquer, même entre les mains du mari, les objets apportés en dot avec estimation, et qui se retrouvent encore au moment de la restitution.

V

La femme, même après la loi unique au Code § 15 *de rei uxoriæ actione*, peut renoncer à l'hypothèque légale et à la revendication, en tant que ces garanties concernent la dot mobilière.

VI

La règle qui défend au mari la restitution anticipée de la dot, ne dérive pas de celle qui prohibe les donations entre époux. Cette dernière prohibition a des motifs particuliers et une portée différente.

HISTOIRE DU DROIT

D'après la jurisprudence des pays de droit écrit, la femme était incapable de disposer de la dot mobilière.

DROIT CIVIL FRANÇAIS

I

Le capital des créances dotales ne se compense pas de plein droit avec le capital des dettes du mari.

II

La femme, sous le régime dotal, ne peut agir valablement en justice, même avec l'autorisation du mari.

III

Le mari a besoin du concours de sa femme pour intenter une action en partage des biens dotaux.

IV

La femme n'a pas le privilége du vendeur sur les meubles apportés en dot avec estimation.

V

La dot mobilière est inaliénable en ce sens que la femme ne peut la compromettre en aucune manière, soit en aliénant sa créance en restitution, soit en renonçant à son hypothèque légale, soit en y subrogeant, etc.

VI

L'interprétation des clauses restrictives de l'inaliénabilité tombe, dans certains cas, sous la censure de la Cour de cassation.

VIII

La femme, après la séparation de biens, ne recouvre pas le droit qu'avait le mari administrateur d'aliéner les meubles et les créances composant la dot.

IX

Les obligations contractées par la femme pendant le mariage ne sont pas exécutoires, après le mariage dissous, sur les biens qui étaient dotaux et qui sont redevenus libres.

X

Les obligations contractées pendant le mariage par la femme qui s'est constituée en dot tous ses biens présents et à venir, sont exécutoires sur les biens qui lui sont échus après la dissolution du mariage.

XI

La femme ne peut faire valablement une institution contractuelle sur ses meubles dotaux en faveur d'un étranger.

PROCÉDURE CIVILE

I

Les tribunaux peuvent accorder un délai au débiteur poursuivi même en vertu d'un titre exécutoire notarié.

II

Dans le cas où les parties ont fait élection de domicile pour l'exécution d'une convention conformément à l'article 111, C. c., la signification du jugement peut être faite au domicile élu.

DROIT COMMERCIAL

I

En cas de faillite du tireur, le porteur de la lettre de change n'a pas un droit sur la provision, à l'exclusion des autres créanciers du tireur.

II

On doit considérer comme valable la clause d'un acte de société portant que l'on distribuera tous les ans aux actionnaires un coupon d'intérêts, quand même il n'y aurait pas de bénéfices.

DROIT CRIMINEL

I

La femme poursuivie directement par une partie civile devant la juridiction criminelle peut plaider sans autorisation.

II

Dans certains cas, la résistance avec violences et voies de fait aux agents de la force publique ne constitue pas rébellion.

DROIT ADMINISTRATIF

I

Les travaux communaux, faits dans l'intérêt public de la commune, sont des travaux publics, motivant la compétence des conseils de préfecture.

II

Le locataire dont le bail n'a pas date certaine peut cependant, en cas d'expropriation, réclamer une indemnité.

DROIT DES GENS

I

L'ambassadeur ne peut donner asile dans son hôtel, au délinquant qui voudrait s'y réfugier.

II

Un tribunal français, saisi d'une contestation entre deux étrangers non domiciliés en France, peut refuser de juger.

Vu par le Président de la Thèse :
C. BUFNOIR.

Vu par le Doyen :
G. COLMET-D'AAGE.

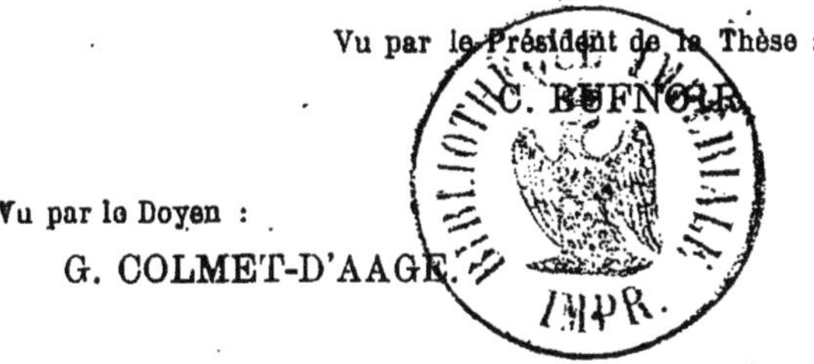

VU ET PERMIS D'IMPRIMER :
Le vice-recteur de l'Académie de Paris,
MOURIER.

PARIS. — IMPRIMERIE AUGUSTE VALLÉE, 16, RUE DU CROISSANT.

www.ingramcontent.com/pod-product-compliance
Ingram Content Group UK Ltd.
Pitfield, Milton Keynes, MK11 3LW, UK
UKHW020327230726
13925UKWH00002B/673

9 782014 051650